# 广东，凭什么说爱你

GDToday 编

南方日报出版社
NANFANG DAILY PRESS
中国·广州

图书在版编目（CIP）数据

广东，凭什么说爱你 / GDToday编. -- 广州 : 南方日报出版社，2024.10
ISBN 978-7-5491-2781-8

Ⅰ. ①广… Ⅱ. ①G… Ⅲ. ①广东—概况 Ⅳ. ①K926.5

中国国家版本馆CIP数据核字(2023)第234587号

GUANGDONG PINGSHENME SHUO AI NI
广东，凭什么说爱你

编　　者：GDToday
出版发行：南方日报出版社
地　　址：广州市广州大道中289号
出 版 人：周山丹
出版统筹：阮清钰
责任编辑：李嘉荟
责任校对：朱晓娟
责任技编：王　兰
装帧设计：邓晓童
经　　销：全国新华书店
印　　刷：广东信源文化科技有限公司
开　　本：889 mm×1194 mm　1/24
印　　张：13
字　　数：84千字
版　　次：2024年10月第1版
印　　次：2024年10月第1次印刷
定　　价：88.00元

投稿热线：（020）87360640　读者热线：（020）87363865
发现印装质量问题，影响阅读，请与承印厂联系调换。

广东，凭什么说爱你


**出品单位**

南方报业传媒集团

今日广东国际传播中心（GDToday）

**总策划**

黄　灿

侯小军

**策　划**

陈　枫

赵　杨

**专题统筹**

谢苗枫

王勇幸

**撰稿 / 编辑**

陈夏霓

蔡泽纯

# 目 录 Contents

篮球城市·东莞

# 目 录 Contents

广东，凭什么说爱你

# 广州：可以选择做自己

Guangzhou



（在线阅读）

穿着人字拖、短裤背心，
吃一顿街边小烧烤，
是随性；
拉着小拖车，
和菜市场老板讲着 5 毛钱的价，
是生活；
**点一杯骑楼老街下的网红咖啡，**
**在老字号饱餐一顿，**
**再漫步到热闹的永庆坊，**
**走进粤剧博物馆，**
**更是老广日常。**

2023年2月28日，第七届广州三年展的开幕式上，
很多远道而来的艺术大咖都很兴奋。
“化作通变”是三年展的主题，也是广州这座城市不变的内核。
变通，包容，化解，共存。
就是广州。

一直以来，人们在津津乐道于广州印象时，
大都第一时间想起了吃不腻的广府美食，
富有历史韵味的骑楼老街，
珠江新城的高楼林立，还有城中村里的万家灯火。

可只要走走停停，从荔湾到海珠，从北京路到东山口，从西关人家到摩登大厦，
便不难发现，处处不一样，可处处又一样。
穿着人字拖、短裤背心，吃一顿街边小烧烤，是随性；
拉着小拖车，和菜市场老板讲着5毛钱的价，是生活；
点一杯骑楼老街上的网红咖啡，在老字号饱餐一顿，再漫步到热闹的永庆坊，
走进粤剧博物馆，更是老广日常。

就像一个平凡午后，博物馆前，男女老少停下脚步，
听上一出私伙局的粤剧选段，
在亭台婉转悠扬……
仿佛听见了岁月流转，低吟浅唱。

这才是广州。
我们爱着的，那个广州。

永庆坊 Yongqing fang

# 去永庆坊吧

## 听粤剧里的声声老广情

“未识广州，先闻西关。”

修复改造后重获新生的永庆坊，是广州这些年绝对的流量宠儿之一。

人们习惯了在节假日涌进这里。

网红咖啡店里阵阵飘香，精致又富有创意的市集，

展示着年轻人层出不穷的奇思妙想。

当穿汉服的女孩，路过钟书阁，

不远处的西关大屋里，新锐漫画家的作品正在火热展出。

一步一景，一旧一新。

吸引着人们来来往往，或驻留，或惊叹。

只是，在西关更令人着迷的，

还得是百年老榕树下、亭台前，

那唱响了岁月的老广情。

要知道，老广私伙局在荔枝湾大戏台，
一唱就是12年。
这个日日免费演、场场做大戏的坚持，
已经成为街坊们必不可少的习惯了。
随着时间慢悠悠，
与大戏台相隔一公里的粤剧博物馆，
恐怕又得添上浓厚的一笔。
粤剧博物馆，在文化和潮流交织的永庆坊里，
独树一帜。
人们习惯了在这个日常喧嚣的潮流街区里，
多看上两眼，
古色古香，岭南风韵十足。

但在永庆坊，强烈的反差可不止这一处。
实实在在走进博物馆，
恐怕要颠覆你对粤剧的认识了。
名角就在对岸，掐准了时间点，
舞台上的咚咚锵锵冲破一切喧嚣。
那一刻啊，是不是刚刚才惊叹过的戏服古物，
瞬间活了起来。
如果你要问为什么大家爱逛永庆坊，
就连博物馆也爱得不要不要的，
你看，这就是答案。

沿着巷子慢行，
没有目的地行至岁月邮局，
文艺范轻易就被拿捏。
还有乡愁广场和国潮风十足的茶馆，
是的，年轻人其实都爱这里。

如果想一次性快速浏览广州的文化，
这个非遗街区那是不能错过的了。
什么广彩、广绣、珐琅、榄雕、醒狮……
通通大开眼界。

再往前走，片片砖瓦红墙内，
创意和复古在这里撞了个满怀。

上海滩风情的摩登红人店前，
看着纵横交错的街巷，没有终点。

东山口 Dongshan Kou

# 去东山口吧

## 老洋房里续写时代新潮

老广州的记忆少不了“西关小姐”和“东山少爷”。
而后者的养成地，是今天这片复古潮流胜地——东山口。

据说，全广州最潮的人都在这了，这话不假。
不管什么时候，带着什么目的来到这里，总会下意识地抬头望，
仰望这里曾经闪闪发光的岁月。

从广州塔往西北方望去，
一片由493栋低矮小洋楼组成的民国历史文化街区，
与东山湖畔的摩天大楼形成强烈对比。

这里是老东山，如今的新河浦社区。

比邻而立的红砖老洋房，苍翠茂盛的老树木，新河浦仍保留着最迷人的年代气息。

建于1920年，有4层半那么高的东山最大的老茶楼旧址，

是的，还在这里。

与近代广州政治、经济、社会密切相关的名人住宅，比如中共三大会址纪念馆、毛泽东旧居、还有梅彩酒的“彩园”、邹殿邦宅、恤孤路简琴石的“简园”等等，

也在这里。

挑一个午后，走过东山条条街道，人潮络绎不绝。

百年洋楼，有的活化成为艺术馆，有的修缮后静静伫立，有的砖瓦斑驳，叙说着广州的近代历史。

它们仿佛在告诉人们，百年前曾有多少意气风发的进步青年，在这谈论马克思主义社会理想，无比笃定地大步向前。

而今天，带着“洋气”的东山口，已成为一面镜子，映照着广州的时代新潮。

珠江
新城
Zhujiang
xincheng

# 去珠江新城吧
## 阅尽广州的AB面

有人说，最不像广州的地方，在天河。
但要想看到最新的广州，还得在这个如巨龙一般腾跃起飞的地方。
至2023年，天河，连续16年位居广州各区生产总值第一。
从珠江新城和广州塔，便足以看到广州的另一面。

2010年，广州第一座400米以上的大楼——广州国际金融中心（西塔），
在珠江新城落成。
往后，高楼大厦如同雨后春笋般拔地而起。
广州东塔、富力盈凯、保利大厦……
100多栋甲级写字楼，将近30万个岗位，为无数人开启了梦想的大门。

以广州塔为坐标，看向珠江新城，
一条顶级的超万亿城市中轴线，串起了广州顶级的现代城市资源。
珠江边的日日夜夜，见证了多少人的梦想啊。
当夜晚的广州塔照耀珠江新城，恐怕没有人会刻意想起，
只有一条黄埔大道之隔的石牌村，又是怎样的一番景象。

以大道为界，广州的A面和B面，在繁华的珠江新城和低矮嘈杂的石牌村，展现得淋漓尽致。

广州最大的城中村石牌村，在黄埔大道以北。

如同一座迷宫，在CBD托起了一个庞大的生活宇宙。

扭曲交织的小巷，房屋密密麻麻遮天蔽日。

当一支网红乐队从石牌村走出来，也让更多人认识了这个广州最大城中村里的光怪陆离。

赛博朋克的场景不稀奇，昏暗之下的炫彩灯光异常耀眼。

清晨7时，城中村安静了下来。挤挤挨挨的3号线，在珠江新城短暂停留，人群由此向四面八方散去。

傍晚7时半，在IFC或者高德置地结束了一天工作的人们，陆续穿过花城广场。

一边是建筑大师扎哈设计的广州大剧院，
一边是流光溢彩的K11、花城汇，小蛮腰的灯光点亮了珠江。
游船悠悠，云蒸霞蔚。
快节奏的珠江新城，金融中心人潮汹涌。
人们努力拼搏，喝着咖啡，敲着键盘，窗外云层轻轻飘过。
人们也在努力平衡，累了就穿过花城广场，
向着广州塔的方向，走到珠江边。
等晚风吹起，烦恼也随着夜色里的游船渐渐远去。

工作与生活，并非一座“西装革履”的严肃围城。
广州便是如此。
你可以西装领带，也能休闲自在。
花城汇里的湘菜、粤菜、西北风味，足以满足空虚的胃。
午饭时间逛个广东博物馆最新的展览，
下班后到广州大剧院看个剧，
又或是闲暇时，去广州图书馆打发时光，
去海心沙吹吹风。
繁华的CBD，处处藏着广州的岁月柔情。

南沙
Nansha

# 去南沙吧

## 看广州的海与辽阔的未来

要读懂广州，可不能只知晓老区的西关风情和新城的时代理想。
还要触摸南沙这块面朝大海的宝藏之地。

自从18号线地铁开通后，从天河冼村到万顷沙最快只要30分钟。
这条时速高达160公里的粤港澳大湾区最快地铁，
让老广们开始热衷于去南沙十四涌、十九涌挑选刚上岸的虾和蟹。

有人开玩笑，现在的南沙能上天，能下海，所向披靡。
在广州唯一同时拥有山、江、海、田、城的南沙，的确有那个实力。

比起海鲜市场的热火朝天，能停靠世界上最大邮轮的国际邮轮母港，
南沙的海岸线同样红红火火。

被江环绕，面朝大海的城市，是有魄力的，也是柔情多面的。
如果要问广州开放从何而来，岁月长河回流，
千年前的南沙，就已经开始向大海探索。
也敞开了怀抱，拥抱来自大海的一切。
作为广州唯一入海口，南沙是历史上“一口通商”的通关要塞。
今天，天蓝地广海阔的南沙，让人难以忽视。

2023年，广州提出“双核”，点名南沙。
南沙凭什么？

这里有梦幻般的森林野趣，是天后路800多棵笔直的落羽杉。
这里有小桥流水和烟笼人家，东涌水乡，是南沙乃至广州的“江南”。
这里有通往大海的最美地铁站——四号线终点南沙客运港，
还有奇妙的海上盛宴——南沙游艇会。

近年来，南沙在港澳青年创新创业上，下足了功夫。
人们为南沙的“美貌”而来，为梦想而留。
十多家港澳青创基地，齐刷刷出炉。
往后到南沙，不止为看遍广州的山海。
抬头看，广州最南边，起飞了。
掂！

喜欢广州的理由，很多。
有人说，一下飞机，这里就让人变得自信。
是啊，当一声声“靓仔”“靓女”涌来，嘴角总会不自觉地微微上扬。
可只有走遍了广州的山川江河、繁华锦绣与街巷烟火才会知道，
广州真正给人自信的，是她的包容和开放。

不管你是什么样子，不管你来自哪里。
春天的街头总有一朵花因你发现而美，
夏天的海边总有海鸟划破长空而鸣。
珠江新城写字楼里的梦想和荔湾涌沿街叫卖的艇仔粥，
都能给人温暖的力量。

春暖花开，四季繁华。
广州这座包容、务实、开放与传统并存的国际之都，
给每个来到这里的人以选择和做自己的自由。

# 深圳：带着梦想拼到底

Shenzhen



（在线阅读）

从年头拼到年尾，

从 0 时拼到 24 时。

聚会不聊八卦不吹水，

买房、炒股、基金、项目、副业……

这就是把“奋斗”视为

人生准则的“SZer”（深圳人）。

**在深圳，追求金钱，**

**从来都不是狭隘的虚荣。**

**每个人每一天都勇敢奋斗，**

**且拼尽全力。**

如何用三个词来形容深圳?
答案可以是，鲜活，明媚，以及清醒。
鲜活的是人，明媚的是山与海，
深圳人永远拥有如朝阳般的清醒。
他们清醒地活着，亦清醒地搞钱。

从年头拼到年尾，从0时拼到24时。
聚会不聊八卦不吹水，买房、炒股、基金、项目、副业……
这就是把“奋斗”视为人生准则的“SZer”。
在深圳，追求金钱，从来都不是狭隘的虚荣。
每个人每一天都勇敢奋斗，且拼尽全力。

奋斗 Fendou

# 7:00—8:00

## 在奋斗中醒来，在理想里狂奔

一位歌手在一首写给深圳的歌中唱道:

“那里有最接地气的烟火 / 有穿行最多次的楼间窄道 / 有走到哪里都能看见的招租广告/那是高速生活中为数不多的喘息角落/也是每秒梦想与残酷现实杂糅并存的驻足之地”。

青春和梦想，在这里落脚。身体和灵魂，也在此栖居。

这是20多年前一个20岁海南小伙的真实写照。

一手拿着吉他，一肩扛着背包。

有多少人就是这样，在青春最美年华里，带着最初的梦来到深圳。

即便很多年过去了，
成名后的歌手再次回到住了5年的白石洲，
仍感激和怀念这个当初接纳他、给了他温暖的地方。
如今，我们看到的白石洲，已经发生巨变。
人们从睡梦中醒来，以最快速度洗漱完毕。
穿戴齐整，提着公文包，聚集在深南大道的公交站台，或齐刷刷涌入地铁。
一边奔向福田、罗湖，一边涌向了南山科技园。

这里是粤海街道，被称为深圳“最牛”街道。
更是打工人的宇宙中心和搞钱圣地。
辖区面积14.24平方公里，东起沙河西路，西接南海大道，南至东滨路，北到北环大道。
在这不堵车，只要10多分钟就能绕完一圈街区。
你恐怕难以想象，这里遍地都是上市公司、知名院校研学基地，
是寸土寸金的最佳写照。
财富的神话和传奇，牵引着人们对理想的奔头。

# 9:00—12:00

## 华强北风云里，处处是机遇

临近中午，隐秘在各条巷子里的猪脚开始咕噜咕噜，
锅炉上冒着卤水升腾的雾气。
再过几分钟，它们将以一块块切片的姿态和肉卷、粉肠、
白切鸡、烧鹅组合双拼，
再搭以酸菜和卤水豆腐，一齐铺在米饭上，被分装打包，
送往各个写字楼。
只是这中间，还有个一波三折。

华强北楼宇林立，光是72层的赛格广场，对于骑手来说，
便如同一座大堵车的迷宫。
帮骑手送最后一站外卖的他们，应运而生。
这是华强北特有的现象。
中午11点多，赛格大厦楼下，
接过骑手源源不断的外卖单，
一群身前挂着收款码的阿姨和大叔们，
以快且稳的脚力，往往返返完成外卖长跑的最后一棒。
他们被称为“跑单阿姨”或“跑单大叔”，
华强北的风云里处处是江湖。

有江湖，就有生意。
有生意，就有比拼。
比拼眼力、速度、决心，
还得拼体力、记忆力。
这也是深圳的缩影。

40年前，这里掀起了深圳最早的时代浪潮。
从一米柜台，到前店后厂；从响当当的“中国电子第一街”，到如今一个正在向科技、文化、时尚融合的国际街区。

40年如一梦。
同洲电子、大族激光、腾讯等都从这里走了出去。
而辉煌历史和青年文化，在这里仍发生着奇妙碰撞。

人间烟火下，人生如沸。

后海 Houhai

## 13:00—17:00
## 在惬意的后海，搞钱更自在

深圳的春天，总是明媚。
在南山后海，拿起一杯咖啡，
可以坐在高级商圈万象城，也可以走过马路到人才公园漫步。
躲在花海里，深圳湾的海风吹得人心神荡漾。
让人在工作日的午后，拥有唾手可得的宁静。

这个“宝藏后花园”是深圳打工人的天堂，
也是年轻一代的科创宇宙。
这片填海而成的土地，
前沿的、新潮的、创意的、文化的……
集多元于一身，成为深圳一种“软地标”。

从它出发看深圳，
用刘慈欣的话来说，这是中国最具创新色彩的城市，
也是一座年轻的、具有科幻色彩和未来感的城市。
腾讯、华为、平安、万科等诸多世界500强，都在此生根发芽。
高高耸立的深圳顶级写字楼“春笋”，破土而出。

鹏城实验室抓住5G时代，深圳大学的校园书香飘着理想的因子；
科兴科学园，把“时间就是金钱，效率就是生命”，刻进了骨子里。
对于很多人来说，前海深港青年梦工场，才是那个“白月光”。

# 18:00+
## 在深圳，越搞钱越懂生活

夜幕降临。
有人在公园轮滑，有人泡在24小时书吧，
有人在livehouse蹦迪狂欢，有人仍在上班。
凌晨2时，CBD灯火通明，
出租车排队排到100号开外；
隧道内，贴膜小哥熟练地完成了一单生意；
摆摊的女孩没有精致妆扮，
却认真地做好每一份点心；

观鸟的人举着长枪大炮，
野餐露营的人开启户外派对；
爬3个小时梧桐山，
看一场久违的日出。
谁说，不浪漫呢？
赶在日出晨曦扑灭深圳夜晚的
灯火之前，
站在城市之巅，
看另一面的深圳，
也是看另一面的自己。

不管夜幕下的分秒流转，
翌日清晨6时的太阳，终归是治愈的。
在海边天文台，看海边的天际被朝霞染红；
在深圳湾，看晨光透过层叠连绵的云层；
在华强北，看早餐档冒起的腾腾热气。
又一天了。

为什么我们这么爱深圳？
只是搞钱吗？
不不不。

深圳本土作家南兆旭在《深圳自然笔记》描绘了她的“唯一”。

北上广深，四个一线城市，

深圳是唯一拥有城区、山岭、溪流、湖泊、森林、田野、古村、海洋、岛屿和中国最美海岸的城。

是啊！“最美海岸的城”生活着最爱搞钱的一代人，

他们也恰是最爱生活的一代人。

这才是，深圳的魅力。

# 珠海：邂逅终极浪漫

Zhuhai



（在线阅读）

蓝天下的日月贝白得发光，
让人想要起舞。
远远望去，
与蓝色海洋以及郁郁葱葱的野狸岛交相辉映，
带着浓郁的文艺气息。
**看着日月贝，**
**沿着情侣路一直走。**
**这条路很长，**
**长到珠海人走一辈子，**
**也不会生厌。**

向海 Xianghai

# 向海而生的浪漫

如果要说和爱情有关的城市，
珠海应该是被提及最多的那一个。

面向大海的城市，有说不完的浪漫事。
2022年，长达28公里的情侣路上，多了一条海上栈道。
360° 览城、望海。
于是，我们去珠海的理由又多了一个。

作为广东省土地面积最小的城市，
珠海却因上百座岛屿，
美丽浪漫到了极致，
这座城，流传着一段龙女和渔民相爱的故事。
渔女雕像早已是这座城市的地标。

来珠海，必打卡情侣路。
来情侣路，必打卡渔女雕像。
停下脚步，吹吹海风。
感受与众不同的浪漫。
漫步沙滩的青梅竹马，一个在闹，一个在笑。
月老像前挂满愿望彩带，写满了属于爱情的心动。
如果你还想留下点什么，
那就在爱情邮局，寄一首情诗吧。
或者，在粉色花海前，牵起她的手。
也可以，走过椰林。
看海鸟群飞，飞过日月贝。

作为珠海的另一大地标，
蓝天下的日月贝白得发光，让人想要起舞，
远远望去，
与蓝色海洋以及郁郁葱葱的野狸岛交相辉映，
带着浓郁的文艺气息。
看着日月贝，沿着情侣路一直走。
这条路很长，
长到珠海人走一辈子，也不会生厌。

因海而生性浪漫的珠海，可不止情侣路。
拥有珠三角最蓝之海的外伶仃岛，
是珠海人的情之所钟。
登岛，扑面而来的生活气息，
诗与远方交融在一起。
桂山岛，这个横琴码头就能直达的小岛，
是珠海万山群岛中开发最为完善且居住人口最多的。

还有，相对小众的淇澳岛。
如今一片安宁祥和的岛上，
还留存着峥嵘岁月的痕迹。
天后宫、土炮台、白石街，
无不见证了那年，
人们奋起抗英、保卫家园的英勇事迹。
从海滩走向小岛，
除了感受到大海赋予珠海数不尽的浪漫，
也发现了美好中夹杂着的波涛汹涌，
它不断历练着人们，
面对生活浪潮的勇气与果敢。

休闲 Xiuxian

# 休闲自在的浪漫

都说珠海是一座特别宜居的城市，
因为它除了有大海的浪漫情调，
还有休闲的生活气息。
自在，舒服。

一个建于20世纪90年代的板楼社区，
斑驳墙面满是老旧的纹路。
溢出墙面的花盛开在阳光下，
街道被大树的郁郁葱葱掩盖，
在静谧中陪你到老。
这是在珠海看到的，
关于浪漫的另一面。

光明街，建于1993年，
位于繁华的市中心。
也可以说是高楼万丈之外，
一处不被打扰的小惊喜。
有些楼房建在山丘上，
沿着长长的半山阶梯向上走，
通向了每一座小房子。

建在山上的房子，
都有一条被人踏了一小辈子的阶梯，
尽头便是温暖的家。

比起光明老街的平常市井，
北山则要更加张扬一些。
这个上了年纪的古村，
如今却是珠海一大潮流与文创碰撞的胜地，
年轻人更愿意把时光交给这里。

在杨氏大宗祠，
珠海的古典建筑艺术之美，
配上一整面墙的新式涂鸦，
海滨之城的热烈，呼之欲出。

# 青春绽放的浪漫

纵然珠海深谙慢时光如岁月煮雨，光阴入茶，
可世代在这片海域摸爬滚打的人们，
也懂得在风浪里搏击的酣畅。

不管是曾经填海造陆，
造出了两个澳门土地面积的魄力；
还是如今，港珠澳连通香港澳门，
在珠三角愈发重要的影响力，
珠海再也不只是带着爱情浪漫滤镜，
那么简单的了。

横琴作为珠海面积最大的岛屿，
短短十多年间，
从蕉林绿野、农庄寂寥的小岛，
发展为高楼拔地而起、港口码头日新月异的新城；
从偏远的度假小岛，
发展为国际化的旅游度假胜地。
这里成了年轻人选择珠海的理由，
也成了广东对外的一张靓丽名片。

随着《横琴粤澳深度合作区发展促进条例》踏浪而来，
这个珠海人曾经的后花园，
在大湾区的舞台上越发活跃。

站在横琴港口望向澳门，
空气里透露着青春的气息，
珠海和澳门这对CP，
也越发深爱。

横琴码头刮起风，
珠海与澳门之间的灯塔，成为新的打卡点。
人们站在码头望向澳门，
畅想着更好的未来。

司
源
振
YUAN ZHONG
PHOTO & STUDIO

# 汕头：猛猛来！尽情吃

Shantou



（在线阅读）

从中山纪念亭，到百货大楼，
再延展至外马路和西堤码头，
历尽风雨的汕头老城区，
如今活力四射，
潮人簇拥。
**来过汕头的，**
**没来过汕头的，**
**来了就是“胶己人”**。
就是嘛，吕尚生好。

用潮汕话来“表白”汕头，
猛猛来！

有人说，过年期间身边的朋友不是潮汕人就是在去潮汕玩的路上。
此话不假。
整个过年期间，
一大半广东人“活”在潮汕。
其中，汕头位居榜首。

南澳岛甚至冲进春节十大热门景区榜单，
成为热搜第一“岛”。
提起汕头，
吃货们第一时间会想到牛肉丸，
会想到肠粉，
会想到数不尽、吃不腻的小吃。
但如果觉得汕头只有吃吃吃，
那你可真小看了这座活力四射的
粤东海滨之城。

潮
Chao

# 越来越潮的老城老街

“去汕头，一定要去小公园看看。”
如果你身边有汕头朋友，一定很熟悉这句话。
作为老城的核心地标，
这里拥有中国内地面积最大的骑楼群，
百载商埠，别具特色。
而且，还很潮。
如果你是漂泊在外的汕头人，
我劝你每次回家都去小公园打打卡，
因为啊，真的是一年一个样。
踏着石板路，
就像一边翻阅历史长卷，
一边穿越古今。

从中山纪念亭，到百货大楼，
再延展至外马路和西堤码头，
历尽风雨的汕头老城区，
如今活力四射，潮人簇拥。

来过汕头的，没来过汕头的，
来了就是“胶己人”。
就是嘛，吕尚生好（潮汕方言，你最好看）。

位于商平路的汕头旅社成了新的网红打卡点，
门前总是挤满前来打卡的年轻人。
这座近70年历史的建筑，
是汕头旅游业的时代缩影。

逛累了，就歇脚。“物”一杯网红茶饮，
曾经辉煌的汕头商业，
如今在老城老街活化，重生。

香 Xiang

# 越来越香的特色美食

逛汕头，你永远绕不开“吃”。
与微更新的老城老街一起，汕头美食也悄悄完成了升级。
在2023年1月正式迎客的镇邦美食街，
可以一口气吃完汕头必吃的硬货！
只不过啊，那些隐秘在大街小巷的干货，
才是大伙的最爱。

都说没有一头牛能逃离汕头。
从新鲜的牛肉食材，到韧劲十足的牛肉丸，
隔着屏幕，都能闻到香味。

每个汕头人心中都有一家最爱的“牛”店，
它可能在街边，它可能在巷里，
不，在家楼下！

到汕头吃吃吃，
其实不需要别人推荐，也不需要攻略。
凭直觉坐下来，点上一碗粿条汤，
鱼丸+肉卷+虾。
一条肠粉，蛋+肉+生蚝。
再来一碗夜粥，
各种鱼饭+必点的红肉米！

你甚至会被看似平常的甘草水果惊艳到，
一吃就停不下来。

所以啊，来到汕头能从早吃到晚。
早晚不重样。
吃撑了，不怕！
有工夫茶可以解腻。

现在啊，越来越多汕头年轻人爱喝茶。
茶文化通过视觉升级、品牌包装，变得更潮了。

位于国平路的这家茶庄就很讨喜。
这还是汕头一中校友联络处，
吃茶，聚会。
逢年过节，过闹热。

美 Mei

# 越来越美的海滨之城

逢年过节、大大小小假期，汕头总能在Must Go List 中占一席之地。
美丽的南澳岛，一年四季都迎接着五湖四海的游客。
在这里拍照无需滤镜，
原片就可以直出。

在这里环岛漫步，海风扑面。
这里几百米就有一处海滩，
随时可以面朝大海。

在这里看停靠的渔船，
时间都可以静止。

在这里看日出，
等照在这座城市的第一道光。
爱了，爱了。

如果说从前南澳岛像座美丽的孤岛，
如今她已经张开双臂，拥抱整座海滨之城。
一座新生的大桥（新津河大桥），
在东海岸新城高高“跃”起。

它被称为汕头第一网红桥，与海湾大桥交相辉映。

有了它，从市区通往南澳岛的时间大大缩短。

有了它，东海岸新城如虎添翼。

一栋栋高楼，正在东海岸平地而起。

东海岸新城发展迅猛，
这座美丽的海滨之城在“世界级超级工程”建设中交出了满意答卷。
2022年正式通车的海湾隧道，
历时7年多的建设，
实现了一桥通南北。
汕头的“时光隧道”，就此诞生。

如果说新津河大桥拥抱了南澳岛，
那么海湾隧道就是彻底打通了主城区与濠江区的任督二脉。

汕头是著名的侨乡。
单单是濠江区的东湖社区，旅外乡亲就超过1万人。
海湾隧道，给濠江区注入了新的活力。
“侨”文化，新故事也在发生。

2024年，第二十二届国际潮团联谊年会
和第十届国际潮商大会将在汕头举行。
汕头人民等着海内外的“潮”人回家，
回到他们祖辈出发的原点，
回到最初的美好。

# 佛山：功夫精神，『打』出名堂

Foshan

广东，凭什么说爱你

“走，同我去楼下公园打个拳。”
阿叔晚饭后对家里后生仔的口头禅，
成了佛山一道独特的夜景。
**南拳也好，**
**醒狮也好，**
**龙舟也好，**
**这些传统所带来的笃定和坚持，**
**如涓涓细流，**
**注入日常和城市的肌理。**

佛山功夫和狮艺，闻名世界。
祖庙的深远、
功夫之城的霸气、
舞狮的精气神，
都刻在这座城市的基因里。

但佛山的能“打”，还不止这些。
从拳脚功夫到制造业，
佛山对于“功夫”精神，
有了新的诠释。

智造 Zhizao

# 从制造到智造
## 这才是世界功夫

2023年，佛山又迎来好消息。
顺德北滘成为广东第二个“千亿大镇”。
要知道，
广东第一个“千亿大镇”（南海狮山）也在佛山。

全国地区生产总值千亿小镇俱乐部，只有四个。
佛山啊，一下子就占了俩。
你说她到底有多能“打”！
当佛山从“制造大市”
狂飙到“制造强市”时，
她已经“制造”出了更多的可能。

首先，是艺术走进“制造”。
2020年，当和美术馆落地北滘时，
这个小镇就以顶尖艺术的光环，
迅速聚集了全世界的目光。

当时人们用“未来的宇宙最强小镇”“下一个世界中心”，对北滘寄予厚望。

你会感叹，
遍地开花的排头兵企业，
如今也有了艺术的“点缀”。

其中，以美的为代表的白色家电，
就是和美术馆的“邻居”。
你可以想象这样的画面：
每到周末，美的员工到美术馆打卡。
生活，有了新的趣味。

不仅仅是美的，
还有美的库卡、博智林、盈合等高端机器人厂商……
更有广东工业设计城、顺德工业设计园……
甚至“世界灯塔工厂”——北滘美的厨热顺德工厂，
它们都扎根在佛山。

北滘只是佛山能“打”的代表之一，

佛山的智造实力早已响遍全球。

曾经，一汽大众MEB工厂，1小时下线66辆整车；

海天的工厂里，1小时灌装5.2万瓶酱油；

而国内唯一的“中国饮料之都”三水，

以健力宝为代表，并聚集了百威、红牛、益力多等各大知名品牌。

2022年，长征五号B遥三运载火箭一飞冲天，

佛山顺德一家工厂实验室也激动不已，

因为他们造的微波炉，上天了。

这个太空中的佛山智造“神器”，就是格兰仕航天微波炉。

它将负责航天员的一日三餐，健康饮食。

你看，“有家就有佛山造”的佛山，

已经从世界冲到了太空。

太空也有佛山造。

美食 Meishi

# 从街头小店到老字号

## 这才是美食之都

佛山能“智造”航天员的一日三餐，
我们就不能不谈谈她享誉全球的美食。
要想拼得过瘾，得先吃得过瘾。

燎原路上的甜品小店，姜撞奶、花生糊，有滋有味。
还有吃不腻的煲仔饭、拌鱼皮、桑拿鸡、鱼生……
至于顺德大名鼎鼎的双皮奶，
那真是吃过“返寻味”。

对了，还有陈村粉，
从1927年就开始制作的老手艺，
更是佛山人出门在外惦念的家乡味。

如果说，佛山美食陈村有代表，
大良则是集大成者。
其他镇街，容桂、伦教、北滘、勒流……
也都深藏着各种街头美味。
佛山的美食江山啊，早就打到了全世界！

作为粤菜发源地之一，
佛山是“中国粤菜美食名城”。
随便一列，
禅城有酝扎猪蹄、石湾鱼腐、柱侯鸡……
南海有大顶苦瓜、无花果浸鸡……
三水有臭屁醋、西江河鲜……
高明有濑粉、玻璃脆皮三宝烧鹅……
而且，高明人吃牛，还能吃出各种花样。

走在佛山，吃遍街头。
靠着对味道的极致追求，
佛山早在粤菜江湖里，名冠天下。

生态
Shengtai

# 从艺术到生态
## 这才是理想中的城

2022年火出圈的南海大地艺术节，
掀起了一场小镇的艺术狂欢。

艺术隐匿在佛山的青山绿水中，
与在地文化紧密结合。
一家人，看艺术品，听老故事，
艺术真正走进了当地人的生活。

上热搜的“00后宜居城市TOP”榜中，
广东入选的三座城市里，
佛山高居第二。
佛山为什么宜居?

就拿南海来说，
光是桂城一条街区，
就有大小公园180个（平均每平方公里有2个公园）、慢行系统60多公里、绿道120多公里。
“环湖造城”是她的本色。
不只有千灯湖，还有映月湖、怡海湖、文翰湖。
一城四湖，真正的山水秀美。

如今，当年轻人再来到这座城时，
除了提起“功夫”，还有了更多的延展和认可。
南拳也好，醒狮也好，龙舟也好，
这些传统所带来的笃定和坚持，
如涓涓细流，注入日常和城市的肌理。

“走，同我去楼下公园打个拳。”
阿叔晚饭后对家里后生仔的口头禅，
成了佛山一道独特的夜景，
也成为不少来到佛山旅行的人们，
相机里的独特记忆。
能“打”的佛山，
从历史的烟尘和故事中走来，
又走进时代的未来和展望中去。
这座城用她“智慧”的姿态，
拥抱每一个在这里的人。

# 韶关：看雪吃辣，不一样的广东

Shaoguan



（在线阅读）

**在广东的最北，**

**韶关注定是特立独行的。**

**她代表着“不一样的广东”。**

你想看山，有山。

你想看雪，有雪。

你想挑战吃辣，去韶关修炼一阵子，

也能“啥辣都不怕”。

光是在口味上，

韶关绝对是粤菜里最有个性的那一个。

因2023年第一热剧《狂飙》，
主演张颂文的家乡韶关，
又实实在在火了一把。

这个在广东最北的城市，
不仅打破了广东人不吃辣的“臆断”，
又因高山流水、风光旖旎，
拥有自己独特的韵味。

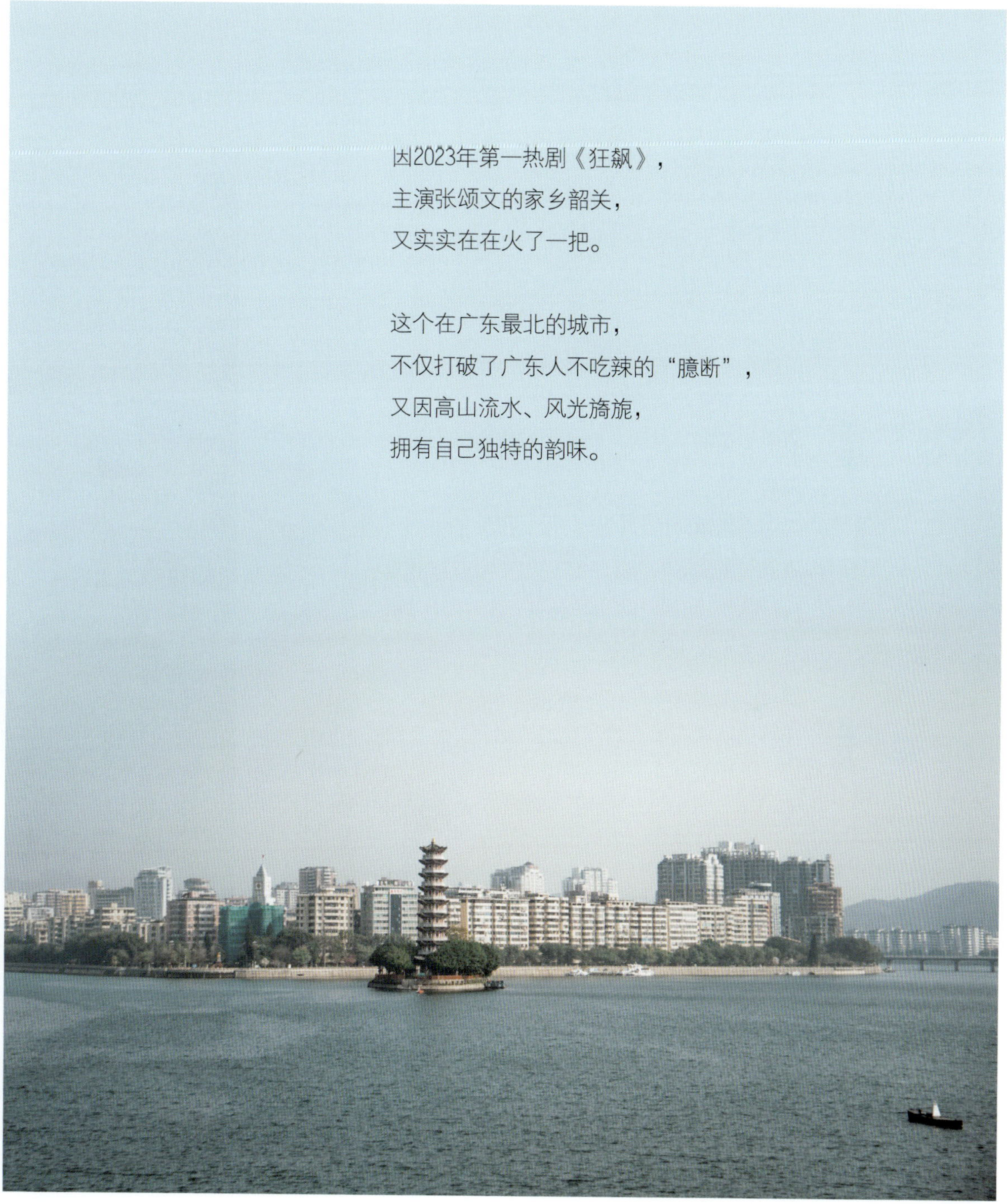

醉 Zui

# “醉”美南岭

“韶关”一名，研究起来颇为有趣。
相传当年舜帝南巡，
将韶关北部一座山，命为“韶石山”，
取其“韶”。
又因为明清时期在韶州府设立税关，
取其“关”。

在很多广东人的观念里，韶关以北，便是“北方”。
在这“一南一北”之间，
南岭山脉保存着大片完整的原始森林。

可以说，
群山，造就了灵动。
仁化丹霞山，色如渥丹，灿若明霞。
如同上天打翻调色盘后，又精心涂抹了一番。
作为中国丹霞地貌的“代表作”，
同时又是世界地质公园、世界自然遗产地，
丹霞山的极致美，是多面的。

既有壮阔磅礴的云海日出，
也有被奉为神迹的阴阳元石、双乳石、睡美人等等。
种种天然去雕饰的纯净之美，
在广东其他地方很难看到。

再去锦江走一遭。
船行江上，水流淙淙，
轻舟穿行丹霞山长老峰，漂至翔龙湖。
一路都会被这片天然的“锦江画廊”，
醉倒！

韶关不只有丹霞山。
西部有个乳源大峡谷，山高谷深、雄奇险秀。
东边呢，则以一片炽烈如火的“红沙漠”而闻名。

很多人笑说，
还去什么大西北寻觅江湖儿女情长，
往广东最北走，走到韶关的山林深处，
就藏着一片“红色沙漠”。
远远望去，赤红一片，
就像韶关人吃辣时的热情、豪迈、敞亮。

蓝得像宝石的南水湖，藏于山间，
为韶关加了几分柔情。

当第一丛新芽冒出，
当第一声蝉鸣响起，
当第一颗红豆落下，
当第一片雪花飘至，
千百年时光转动，
记录着南岭的春夏秋冬。

味 Wei

# 独沽一“味”

在广东的最北，韶关注定是特立独行的。
她代表着“不一样的广东”。

你想看山，有山。你想看雪，有雪。
你想挑战吃辣，去韶关修炼一阵子，
也能“啥辣都不怕”。

光是在口味上，

韶关绝对是粤菜里最有个性的那一个。

当沿海边的城市靠生猛海鲜过日子的时候，

身处崇山峻岭的韶关，

把山珍吃出了各种名堂。

香芋、马蹄、冬菇、竹笋……通通来一遍。

如果鲜食不过瘾，那就腌制。

其中用鲜笋做的酸笋，就是韶关的一大特色。

吃的时候配上辣椒，酸辣舒爽，那叫一个过瘾。

在韶关境内比吃辣，其实也是有梯度的。

越往南，越有粤式范儿。

相反，越往北，越放飞自我。

其中，当以南雄为代表。

这个只有在菜的名字上，还坚持着“粤式”风格的地方，
靠着这道梅岭鹅王，征服了许多说着不吃辣的广东人。
还有它——酸笋焖鸭，
葱姜蒜，以及小米辣，一个都少不了。

据说，在韶关吃火锅不仅锅里要加辣，碗里也得有小米辣。
只是，别看韶关吃辣那么猛，
其实她也是一个刚中有柔、柔中带着韵味的城市。

你看，历史上的韶关，
曾经凭借丰富的煤矿和金属资源，
成为老牌重工业之城。
1964年的“小三线”建设，
是韶关工业的高峰；
1966年，韶钢炼出第一炉钢水，
往后，便一路“刚”到底。
而今，韶关开始从工业“壮汉”，
转变为发展生态和旅行的“文艺青年”。
所以，人们今天看到的她，
有檀香四溢的南华寺，
有尽显粤北古建筑特色的韶阳楼，
有金秋银杏飞舞的帽子峰，
有春天桃花盛开的九峰山，
还有满满人间烟火的孟洲坝夜市。

关
Guan

## 一城当“关”

正因为站在岭南“关口”，
韶关常常被调侃为“最不广东”的城市。

可作为广东“北大门”、岭南守关人，
韶关又不仅仅是粤北门户那么简单。
她用包容的心态，
将外来文化与当地文化融合在一起。
你来了就知道，
客家文化在这里，显得别有一番风味。

诸多古道留存，便是一大见证。
其中最出名的，当属唐代宰相张九龄主持修凿的梅关古道。

这条古道劈山开岭，一直延伸到江西大余县。
它有个重要站点——珠玑古巷。
又被称作“广东第一巷”。

曾有无数客家人从这里迁往珠三角各地。
如今，广东人行走在古巷中，
看着两侧刻着各种姓氏的祖居，
说不定还能开启一趟“寻根问祖”之旅。

除了梅关古道，西京古道也颇有来头。
它是古时人们经济和文化往来的重要通道，
且与千古名句“一骑红尘妃子笑，无人知是荔枝来”有渊源。
此外，还有百顺古道、古市古道等，通往韶关腹地。

客家文化便是这样，
沿着各条古道，自北经韶关入岭南。
落地、生根、融合、发扬，
如粤北采茶戏、新丰舞纸马、南华诞庙会、仁化古法造纸、乳源瑶族刺绣，等等。

如果还有人说，这里“广东味”不浓，
那么，就去百年东街骑楼，看看广府骑楼的早期模样；
去客家围屋，感受客家文化的历史痕迹；
或者去瑶族民居，看看最早来到这里的一批人，是如何生活的。

说起来，韶关从不被定义。
曾经的她，就像一座驿站。
往南走的人，一直往南走。
走向了大海，走向了世界。
留在这里的人，
继续传承和发扬，
岭南一派。

她的“北方气”抚慰着南迁人的思乡之情。
她的“英飒之气”，藏着大融合的智慧。
而她的“广东气”，又自始至终告诉人们，
嗯，这很韶关！

# 河源：万水千山总是情

Heyuan



（在线阅读）

**山环水绕、远山四合、两江环抱。**

**广东人的“桃花源”，**

**大抵是这个模样了。**

河源人，大都以万绿湖为傲。

泛舟湖上，如同闯入仙境，

留下一片只此青绿的诗意，

很是妙哉。

每个从这座“客家古邑”走出来的客家人，
都忘不了，这个随时随地能捡到恐龙蛋的地方。

这里是河源，一个全世界馆藏恐龙蛋化石最多的地方。
也是一座夹在韶关和梅州之间，
超级“水水水水水水”的城市。
虽然九成是山地丘陵，
但坐拥广东第一和第二大的水库，
加上全市近百条河流，
“水城”名副其实。

水做的城市，比谁都柔情。

绿宝石 Lubaoshi

## “绿宝石”之城

### 大湾区的后花园

三河之源，成就河源。

江与河，浓墨重彩地装扮起这座城市。

同时，这里还有74.6%的森林覆盖率，54%的山地，43.2%的丘陵。

不得不说，真是得天独厚。

山环水绕、远山四合、两江环抱。

广东人的“桃花源”，大抵是这个模样了。

此外，河源还是广东唯一拥有一流水质、一流空气、一流森林的地级市。
河源人，大都以万绿湖为傲。

要知道，像绿宝石一样的万绿湖，
不仅仅是华南第一大人工湖，
也是粤港4000多万人的重要饮用水源地。
直白来说，就是捧起一汪湖水就能喝。

泛舟湖上，如同闯入仙境，
留下一片只此青绿的诗意，很是妙哉。
湖的中心，还有一座龙凤岛。
东部如龙，西部似凤，被人们赞誉为“湖中的爱情岛”。

偏北部的枫树坝水库，
同样是河源不可多得的山水秘境。
它是广东省第二大人工湖。
因为形态如龙，湖水青绿，又称“青龙湖”。
河源湖成一派，江亦成一派。
当东江水流过主城区，接纳了新丰江。
人们便在这江边，过起了自在日子。
并将东江最纯美的一段，小心珍藏。
光是东江十里画廊，
就让人不舍得离开了。

河源的柔情，
一半在水，一半在山。
在河源最高山峰桂山，
可以看见北回归线上少有的原始次生常绿阔叶林，
光是吸一口“天然氧吧”的氧，
那这趟，就没白来。

还有野趣沟，
“中华第二沟”的美名啊，
都是人们对它的偏爱。

有“丹霞山第二”美誉的霍山，
苏轼在这留下了“霍山佳气绕葱茏，势压循州第一峰”的千古颂词。

千年古邑
Qiannian guyi

# 千年古邑
## 寻找客家记忆

走过山水多情的河源，
你就会明白，
当初一路南下的客家人，为何钟情于她。

磅礴大气的东江水，滚滚穿城而过。
整个东江水系，成为河源的经络。
连接起各个地方，
也把人们一并送进了这片山水之中。
客家人在此落脚、繁衍、传承。
所以寻找客家记忆，也得跟着水走。

沿着东江古驿道，
在东江和久社河交汇的地方，
就是苏家围。
这个拥有700多年历史，
18座明清时期府第式客家民居的围村，
至今，屹立不倒。

而佗城，更是一部包罗万象的历史书。
从新石器时代的文化遗址坑子里、牛背岭，
到秦时古城基、越王井，
唐代的正相塔，
明清时代的城隍庙、越王庙、孔庙、考棚等旧址，
妙趣横生。

东江边上第一塔，
流传着龟峰塔的神话传说；
中国最大四角楼之乡，就在林寨古村。

河源人重情，又重义，
是客家文化的优秀传承者。
他们过元宵节，
要舞香火龙，
这是客家传统民俗之一。
此外，在河源很多地方，
至今还保留着客家山歌、打马灯、舞春牛、
花朝戏等民俗。
客家人，能歌善舞。
舞龙舞狮，也是一把好手。

时代往前走，
如今，很多河源人外出闯世界。
可对于他们来说，
只要累了、倦了、想家了，
就回河源吧。
“爬山、喝水、找恐龙蛋”，
河源特有三件套都来一遍，
再沿着东江边走一走，
这心，便安了。

# 万物皆可酿

## 无酿不成席

其实啊，对于河源人来说，
更安心的，
恐怕还是吃上一口东江水做的车田豆腐。
不同于一般豆腐，
它采用东江上游的天然山泉水，
和当地的绿衣黄豆搭配，
以传统工艺制作而成。
豆香扑鼻，嫩滑爽口。
所以有句俗语是这么说的：
豆腐好吃数岭南，岭南豆腐看东江，东江豆腐数车田。

但在客家人的美食制作手艺里，
豆腐不过冰山一角。
客家米粉、酿鸭饭、客家红焖肉、客家炒猪肠、炸猪肉、
客家肉丸、桂山茶、老隆牛筋糕……
随便一列，都口水流一地。

而他们更出名的绝活，
大抵一个“酿”字，
“无菜不能酿，无酿不成席”。
客家酿豆腐，远近闻名，
河源人过年必吃。
除了酿豆腐，酿苦瓜、酿茄子……
就连酿辣椒，也是河源人的一大偏好。

河源的美食世界里，还有一半菜谱，写着各种小吃。
浓缩为一个字，“粄”。
譬如，客家传统特色艾糍（清明粄）；
过年必吃的萝卜粄；
口感香酥脆爽的下酒菜铁勺粄；
还有软软糯糯的糍粑，
爽口鲜香的九重皮，
寓意团圆甜蜜的煎堆，等等。

清清东江水，日夜向南流。
在这条母亲河上，
落脚于此的河源人，
得到了大自然的无限厚爱。
在河源，万水千山总是情。

# 梅州：世界客都，十分『春车』

Meizhou



（在线阅读）

当张国荣唱起《风继续吹》，
罗大佑唱起《童年》时，
他们并没有忘记自己的祖辈，
从梅州这个朴实低调、
人杰地灵之地出发，
闯出一片天地。
客家语的“我”，
是“人＋厓（倕）”的独创字，
**一个人走到悬崖边上，没有回头路，**
**只能勇敢向前，**
**这，便是客家人。**

“月光光，秀才郎”，
唱着这首童谣长大的客家人啊，
是不是回忆一下子涌上心头。
如果你是广东人，
我想你身边或多或少都会有个客家朋友。

梅州，堪称世界客都。
带上“世界”两字，你就知道梅州有多威。
这里出英雄。
有开国元勋叶剑英，
也有世界球王李惠堂。
当然，还有更多的名人，
从梅州，走向世界。

就像客家语的“我”，
是“人+厓（𠊎）”的独创字，
一个人走到悬崖边上，没有回头路，
只能勇敢向前，
这，便是客家人。

# 这里有世界球王
## 足球之乡有股拼劲

若干年前，当张国荣唱起《风继续吹》，
罗大佑唱起《童年》时，
他们并没有忘记自己的祖辈，
从梅州这个朴实低调、人杰地灵之地出发，
闯出一片天地。

梅州人向来敢拼敢闯。
旅居海外的华人华侨达500多万，诞生过500多位将军，
出过37位院士，还有340多位大学校长……

这可真不是数字那么简单，
就像那句俗语“有阳光的地方，就有客家人”。

梅州山多，路险。
梅州人背井离乡，早已养成吃苦耐劳的拼搏精神。
梅州是足球之乡，
梅州娃娃从小就吃苦练球，
他们坚信自己长大能成为“世界球王”。

因为梅州，就走出过“世界球王”。
“看戏要看梅兰芳，看球要看李惠堂。”
当年的李惠堂就是现在的C罗吧。
近20年绿茵生涯里，李惠堂踢进超2000球。
1976年，德国杂志组织世界球王评比活动，
李惠堂荣登世界五大球王之一。

从一个平凡的贫苦人家，
到带领中国球队首次击败外国球队。
李惠堂配得上那句“万人声里叫球王，碧眼紫髯也颂扬”。
也正因为“世界球王”的魅力，
足球成了梅州的城市标签。

都说梅州人踢球特别拼，
“人怕么志，树怕么皮”
“勤俭耕作，有食有着（穿）”
“人勤地献宝，人懒地生草”……
这股拼劲是梅州人刻在骨子里的精神。

咸香
美食
Xianxiang
meishi

## 这里有咸香美食
### 吃了就停不下来

这股拼劲儿，用在做吃的上，梅州人也从不含糊。
端上桌的客家菜，看似朴实无华。
但只要动口，就完全停不下来。

俗话说“吃在客家，咸是一绝”，
客家菜是丝毫不避忌咸的，
毕竟咸表示耐储藏，也意味着下饭，
梅菜扣肉便是其中的经典。
梅菜咸鲜微甜，扣肉肥而不腻，
配上白米饭是真的可以吃上好几碗。

没有一只鸡能走出广东，
梅州盐焗鸡的味道也是相当的“庞”（客家方言，“好”的意思），
鸡肉是咸鲜香，别有一番风味，
吃完后那股浓郁的香味会在手上久久不散，
“老板，再来一只。”

梅州人对“酿”爱得深沉，
酿苦瓜、酿豆腐……
他们往往只用最简单的食材，
调配最原色原香的菜肴。

而酿豆腐绝对是年节时期餐桌上少不了的一道菜，
杀猪做馅，磨黄豆制豆腐，
一步一步，乡味自成。

当然还有堪称美食大杂烩的盆菜，
鸡、鸭、鱼、蚝、腐竹、萝卜、香菇、猪肉……
十几种食材汇聚一盆，
一大家子围坐一起，
是满满的团圆和喜庆。

当然，除了这些菜，
客家人对于“粄”也是情有独钟。

夏日时节最爱的仙人粄，
还有酿粄、碗粄、笑粄、“老鼠粄”……
做法有蒸、煮、煎、炸，
味道咸甜皆有，形态不一而足。

除了软糯扎实的粄，
梅州人的早餐也是简单实用。
梅州人的一天，
是从腌面和三及第汤开始的。

上班上学的清晨里，
吃一碗腌面，配一碗三及第汤，
开启“春车”的一天。

客家
文化
Kejia
wenhua

# 这里有千年的客家文化
## 山好水好

如果说闻名世界的客家菜底蕴深厚，
千年的客家文化更加诠释了梅州人的底气。
梅州人身上的劲头，从何而来？
还得细细说道。

历史上客家先民总共经历了“五次大迁徙”，
他们辗转南迁，
宋朝时期大多数人定居在闽赣粤山区，
后迁至海内外多个国家和地区。

因数度迁徙的历史，
客家人骨子里追求的就是聚居和谦让，
这种特质也在建筑民居上发挥得淋漓尽致。
客家民居始建于唐宋，兴盛于明清，
围屋结合了古朴遗风以及南方文化的地域特色，
是中国五大传统特色民居建筑之一。

如兴宁境内最老的东升围屋，
坐北朝南、三堂六横三围的设计，
俗称“九厅十八井”。
主体结构呈半圆形，

前有禾坪、矮墙、半月形池塘，
东侧有出入斗门，是典型的围龙屋。

坐落在梅县区南口镇的侨乡村，
是我国客家地区现存密度最大、
保存最完整的围龙屋古村落。

花萼楼，
客家土围楼的典型代表之一，
大气，古典。

有近400年历史的她，
在《大鱼海棠》中引起热议。

位于城区东山状元桥畔的东山书院，
是梅州唯一遗存的古书院，
重檐歇山顶式书院建筑，
至今已历经270多个春秋，
典雅，庄重。

有着千年历史的松口古镇，
客家先民南迁至此落脚扎根，
也在这衍播四海。
经千百年的孕育和发展，
处处都有回响。

漫步在古镇的老街上，
两旁各种古早小吃老店，
时光在这里暂停了，
仿佛回到童年。

古镇边的松山港，
曾是广东内河第二大港。

港口码头上光滑的石阶旁，
历经风雨的船墩在讲述着沧桑。

千年迁徙，时代流转。
2023年，
广东首个国家级文化生态保护区，
客家文化（梅州）生态保护实验区通过验收，
在梅州，起航！

漂泊在外的梅州人，回家看看吧，
梅花香自苦寒来。
如今的梅州，好山好水。
如今的梅州，向善向上。

# 惠州：找到人生一隅

Huizhou

广东，凭什么说爱你

（在线阅读）

不同时期的移民，
分散在岭南各地。
可偏偏在惠州，
来了个世纪大融合。
粤剧、渔歌、客家山歌、舞龙、舞狮，
还有广东汉剧、瑶族的舞火狗，
以及源自广府民间的客家龙舟说唱，等等，
**如果要在惠州开广东民俗“春晚”，**
**那也是分分钟，都能拿得出手的。**

“日啖荔枝三百颗，不辞长作岭南人。”
千年前，治愈了东坡先生的这片海、这片山、这片水，
就在惠州。

今儿人们谈起她，
第一时间想到的是——
去双月湾看海吧；
去巽寮湾冲浪吧；
去黑排角，打卡《美人鱼》同款；

或是，
去惠州西湖，看湖光山色；
去南昆山国家森林公园，
穿越山间密林。
只是，
千年的惠州底蕴，
哪限于此。

# “小广东”之名
## 一点儿不虚

广东的移民史上，
一批又一批的人们，择地而居。
于是有了风格各异，又奇妙和谐的局面。
不同时期的移民，
分散在岭南各地。
可偏偏在惠州，来了个世纪大融合。

走在街头，
你能看到骑楼、花窗。
叹一声，这是20世纪的杰作了。
另一边，又见围屋和工艺木雕。
好像一下穿越了，
18世纪和19世纪，在这也留下了痕迹。

你在街头仔细听，
惠州话、客家话、广府话、闽南话，
交织在一块儿。

另外，使用人数较少的几种特殊方言，
比如军声、占米话、路溪话、平婆话、蓝田话等，
保存着不同年代的“古音”。
乍一听，
如同走进了一座流动的“方言博物馆”。

在惠州就是这样，
穿个街，走个巷，
对这座“小广东”之城，
大概就有个初步理解。
在惠东县范和村，
仅仅从村子里的谭公庙、城隍庙、水仙宫，
你就能直观地看到人们的不同信奉，
被接纳和尊重。

在文化民俗方面，
这里也相当丰富。

粤剧、渔歌、客家山歌、舞龙、舞狮，
还有广东汉剧、瑶族的舞火狗，
以及源自广府民间的客家龙舟说唱，等等，
如果要在惠州开广东民俗“春晚”，
那也是分分钟，都能拿得出手的。
所以，
不论你是哪里人，
在惠州，都会感到亲切和温暖。
这是她的魅力。
一直用开放和接纳的姿态，
迎接着四方移民会聚。

风景大户
Fengjing dahu

# 广东风景大户
## 要啥有啥

既然说到惠州是“小广东”，
那么一定要继续追问，为何是她？

“东接长汀，北连赣岭。
控潮梅之襟要，壮广南之辅扆，
大海横陈，群山拥后。”
实际上，得天独厚的地理位置，
不仅让惠州多元文化汇聚，
更让她成为广东风景大户，
山、湖、海、江、岛、瀑，要啥有啥。
而且，颜值都还不低。

面朝大海，宽广无垠。

大亚湾，是大湾围着小湾，岛屿众多。

人们熟悉的双月湾、巽寮湾，

让惠州的海滨风光，

在广东数一数二。

这里的海鲜，

是惠州海湾真正的天赐美味。

因为拥有广东近岸的优良水质，

鲜灵海味，花样繁多。

在海边长大的惠州人，

谁不是一路捡螺、捡青口、抓螃蟹长大的呢。

只是海龟蛋，可不能随便捡。
在惠州海龟湾，
每年有海龟上岸产卵。
这里是海龟最后的“产房”，
以及最靠近人类居住地的产卵地。

惠州人，
很默契地守护着这片海滩。

天蓝蓝，海蓝蓝。
比起惠州大海的柔美与辽阔，
北边的山，
则是穷尽大气磅礴之风。
惠州又是一座山城。
城内有个飞鹅岭，
城外有个“岭南第一山”——罗浮山。

司马迁赞它：
“罗浮汉佐命南岳，天下十山之一。”
当人们还沉浸在山岭的起起伏伏中，
惠州西湖，
又给她添上另一种面貌。
这个因苏东坡而得名的“惠州西湖”，
极具温婉的风韵，
要不怎么说“三处西湖一色秋”呢。

大拼盘 Da pinpan

## 粤式美食大拼盘
### 想吃什么，就吃什么

坐拥山、海、湖的惠州，
足够秀色可餐了。
可要实实在在担起“小广东”之名，
在吃这一块的丰富程度，
是不可或缺的。

如果把惠州比作一个大餐桌，
那么在座的，
既有饮绿茶的客家人，
也有喝红茶的广府人，
更有偏爱乌龙茶的闽地人。
茶水饮啜后，再正式上菜。

惠州人的一天，
是从一碟汤粉开始的。
丰富一点，就是状元坊肉丸、炒蚬。
“打掌仔，卖油油，拗朵红花水面流。”
喝炖汤，就点上一盅。
如果想吃卤味拼盘，也有得选。
到了正餐，
很难给惠州菜，下一个绝对定义。
作为东江菜的重要代表，
受到广府文化和客家文化的双重影响，
惠州菜有自己的风格。
他们爱腌制梅菜，
吃饭无梅菜不香，
什么梅菜肉饼、梅菜炒饭、梅菜蒸猪头皮……
分分钟是一桌梅菜宴。

惠州还有著名“三宝”，
酿豆腐、梅菜扣肉、盐焗鸡，
偏向于客家菜系。
客家小吃，萝卜粄也在街头叫卖。
而惠州人从小吃到大的传统小吃，
是酿春、鸡油糖丸、阿嫲叫等，
带着鲜明的本地特色。

因苏东坡而传承下来的东坡肉，
经过传承和改良，
很好地融入了惠州人的生活，
成为东江十大名菜之一。
咸香咸香的东江菜，
早已融入了客家风味的精髓，
以“肥、咸、熟、香”，
牵引着每个惠州人的味觉记忆。

当人们用“大融合”的视角，
望向这座“山海”粤东城时，
偶尔会忘了，
惠州本来的样子。
惠州惠州，惠民之州。
既纳百川，也大步紧跟时代。

# 汕尾：红场蓝海，热情『老势』

Shanwei



（在线阅读）

细长的海岸如银线，

串起了各个岛屿。

遮浪灯塔岛、神秘岛、龟龄岛……

经过一段颇多小姐姐打卡的海上公路，

还能到风靡网络的风车岛。

白色的风车上扇叶转动，

时间仿佛在这里停驻。

**在这样的海滨小城，向海而生，沿海而行。**

**生活都变得柔美而缓慢。**

2023年9月26日，广汕高铁正式开通运营。
这也意味着，汕尾接上了“轨道上的大湾区”的快车道。
这个革命老区和海滨城市，
从歌曲《县城记》里，“老势势”地走出来，
从清晨的海鲜市场里，鲜活生猛地走出来，
从绵长的海岸线边，柔美浪漫地走出来，
从二马路的美食中，一身烟火地走出来。

这座承载着红色记忆的城市，像深藏功与名的高手，
用内核的善与美，逐年晋升为大家最有出游意向的网红城市之一。

也正像一首歌里唱的那般低调又悠闲——
“生活要像海里的鱼。”

海岸线 Hai anxian

# 全省第二长海岸线包罗万象

作为广东省海岛最多的地级市，
汕尾一共有881个岛屿、12个渔场。
绵长而柔美的海岸线蔓延455公里，
居全省第二。
长期与海洋为伴，
汕尾人已经把大海当作了一种信仰。
千年的海洋文化，滋养了这座低调的海边小城。

汕尾的海，则各有各的性格和棱角。
红海湾，是汕尾人的果敢和浪漫。
因为颇为壮观的惊涛骇浪，
一度被称为“中国观浪第一湾”。

作为较早被开发的海湾，这里已经繁衍出了自成一体的旅行生态。
远处白色浪花奔涌向前，拍着岸边巨大的礁石。
大自然之宏大映衬着人类之渺小，
十几尺高的海浪，狠狠摔在岩石上，让人触动。

因为地势和海浪的完美，这里还是帆板训练基地。
转过身，旁边就是南海观音寺。
观音寺门口，有一副对联——
“红海湾畔碧波荡漾怡游客，麒麟胜地古迹奇石焕春光”。
写的正是这里所看到的，热烈激昂的海。
攀登巨石而上，远眺这海平面，
也确实有气壮河山的开阔和豪放。

出了红海湾向南自驾而行，会经过不少海域和岛屿，
还会经过一条绝美的路——海边路。

年轻人骑着车在海边路飞快闪过，
青春就如同树缝里的太阳，
撒了一身亮晶晶的少年时光。

这个城市的海岸线如同珍珠项链，
细长的海岸如银线，串起了各个岛屿。
遮浪灯塔岛、神秘岛、龟龄岛……
经过一段颇多小姐姐打卡的海上公路，
还能到风靡网络的风车岛。
白色的风车上扇叶转动，
时间仿佛在这里停驻。

如果说红海湾的海是热情而无畏的，
那么和它相隔半小时车程的金町湾，
就是柔和与抒情的。
7公里的海岸线，沙滩沙子细软。

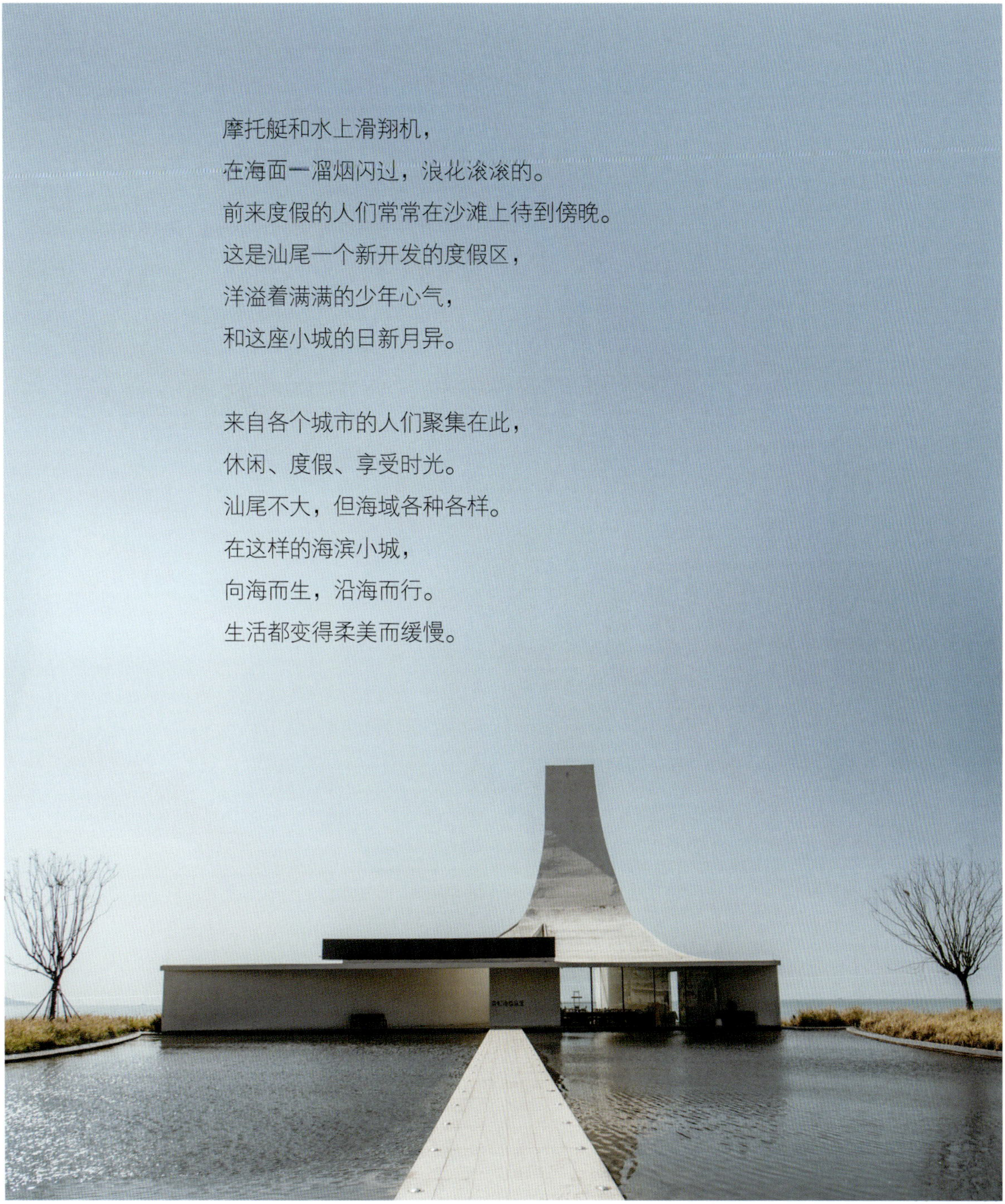

摩托艇和水上滑翔机，
在海面一溜烟闪过，浪花滚滚的。
前来度假的人们常常在沙滩上待到傍晚。
这是汕尾一个新开发的度假区，
洋溢着满满的少年心气，
和这座小城的日新月异。

来自各个城市的人们聚集在此，
休闲、度假、享受时光。
汕尾不大，但海域各种各样。
在这样的海滨小城，
向海而生，沿海而行。
生活都变得柔美而缓慢。

餐桌
海洋
Canzhuo
haiyang

# 餐桌能装一整片海洋

作为中国著名的“鱼米之乡”，
汕尾人民餐桌上，是有着整片海洋的。
每到开渔时节，
这里的街头巷尾，行色匆匆的，
都是去实现海鲜自由的汕尾人。

他们被海风吹得黝黑又潮湿，
被这里的美食滋润着，
内心的热情浓烈又绵长。
当你来到汕尾人家中，
会发现你眼中的深海鱼满汉全席，
只不过是他们的家常菜谱。
汕尾的海鲜市场众多，
位于市区不远的马宫海鲜市场，
是本地人和外地的好奇者常来探访之地。
马宫就在海边。
清晨，带着霞光和早间的惺忪，
一边厢，是渔民们的渔船在海边上，
摇摇晃晃；
另一边厢，是海鲜市场沿着堤岸，
熙熙攘攘。
渔民们径直把海鲜摆在湿漉漉的地面上，
种类繁多，目不暇接。

有的挑完鱼虾就马上下锅烹煮，
有的则兜兜转转，不挑到最鲜的不罢休。
咸腥的海风中，是这座城市最浪漫的模样。

在汕尾，海鲜的烹饪，还讲究一个鲜美。
这也是为什么很多餐馆，直接打捞起来就烹饪的原因。
香煎、盐水，甚至生腌。
生腌皮皮虾是一绝，肉质又嫩又滑，酱料咸香而不腻。
蟹类、牡蛎等等，也都可以拿来生腌。
但对于汕尾人民来说，这还不够。

他们口里的“鲜美”，除了以上，还有干腌。
这是一种古早的汕尾海鲜的制作方法。
刚上岸的海鲜，快准狠地撒上一把盐，再蘸料，就能食用。
相当热烈，而且奔放。

对美食更热情的场面，还会出现在市区的二马路。
这里被称为汕尾美食的世界中心，绝对不负虚名。
停车永远是没有位置的，
街边的大排档和美食摊位，一定是人潮汹涌的。

街道两边的店铺和排档，冒着热气，
灯火通明的深夜，才是二马路人最多的时候。
大家从全国各地慕名而来，
就是为了一尝汕尾最古早又最包容的味道。

白天的烦恼归于白天。等到夜色初上，
没有什么是一顿海鲜不能解决的；
没有什么是一碗擂茶不能解决的；
没有什么是一碗街头小吃不能解决的。
如果还不行，那就连着吃两顿。

# “老势势”性格下的热情和梦想

《道山靓仔》这首歌里，一遍一遍地唱着，
“老势势，老势势”
究竟什么是“老势势”？
字面意思是形容一个人很拽，
但掀开“拽”的表象，
这里其实充满着你意想不到的善与美。
走在海丰街头去寻找生活气，
会发现整个县城都是红色的。

世界上有两个红场。
一个在莫斯科，另一个就在广东汕尾这个小镇上。
作为革命根据地之一的海丰，
是我国首个县级苏维埃政权诞生地，
也是著名农民运动领袖彭湃的故乡。

漫步红场，彭湃的塑像就位于红场最显眼的位置。
他的生命永远定格在了33岁，
却被这里的所有人记在了心里。

是的，在海丰，在汕尾，
本以为最生猛的地方，却是有着最热情最红的过往。
走出红场，县城的街道，蜿蜒而上。
这条街长达2.1公里，是全国独一无二的“红色文化街”，
放眼望去，满满年代的印记。

往县城深处走，有一家咖啡馆。
去的人都说，它仿佛是海丰的文化历史图书馆。

要知道，汕尾非遗项目的数量之多，价值之高，居全国前列。
国家级9项，省级30项，市级75项，县级113项。
最广为人知的，莫过于诞生于宋元时期的汕尾渔歌，
亦称“疍歌”。
在海上，在岸边，唱着“疍歌”，吹着海风，
海边的时光就晃晃悠悠到了如今。

这几年，随着深汕合作区的建立，和广汕高铁的逐渐通车，
汕尾的经济逐年增长，
特别是海洋经济和滨海旅游产业，愈发蓬勃。

这就是汕尾。
看似杂乱但海纳百川，
让汕尾的生活，衍生出了博采众长的本土味道。
热情、善良、美好。

潮流·东莞
DONGGUAN
11
篮球城市·东莞

# 东莞：青春正当时

Dongguan



（在线阅读）

**都说体育能让人变得年轻，**

**都说篮球能让人唤醒青春，**

**你能嗅出东莞这座城市的荷尔蒙。**

这里的“村 BA”闻名全国，

男女老少，全村参与。

“村村有篮球场，

镇镇有篮球馆，

天天有篮球赛。”

2023年3月，广东最火爆的地方，在东莞。
3月1日，近万名球迷来到东莞市篮球中心，
为自己的主队广东男篮加油呐喊。

阔别了三年的CBA，重新开放主客场赛制，
这个NBA级别的世界级篮球馆，淹没在金色海洋中。
这座篮球城市的氛围啊，真的是“掂过碌蔗”。

都说体育能让人变得年轻，都说篮球能让人唤醒青春，
你能嗅出东莞这座城市的荷尔蒙。

是啊，东莞早已不仅仅是“世界工厂”那么简单。
她，市龄36岁（1988年升格为地级市）；
她，15—59岁人口全省第一，
越来越多的年轻人来了，就不想走。
就像那句经典台词——
“直到世界的尽头，也不与你分离。”

Xinchao 新潮

# 新潮

## 这里的篮球不仅全国第一

在东莞市中心，
一座巨型篮球玩偶雕塑俯瞰着车水马龙的东莞大道。
高达12米的她穿着潮鞋潮服，
路过的你很难不多看她几眼。

这个名叫劳拉的“篮球宝贝”，
更像是易建联、杜锋、朱芳雨等人的缩影，
以这些东莞篮球明星之名，
矗立在城市中央。

31年前，广东宏远篮球俱乐部正式在东莞成立。
从此拉开了一批又一批篮球英雄，
从五湖四海齐聚东莞的序幕。
年少的杜锋和朱芳雨，
在年轻的东莞找到爬出低谷的机会。
后来的易建联从东莞起飞，站在了NBA的最高舞台。
众多篮球高手，
在东莞打球、安家，
为这座城市而战。

广东男篮11次站在了全国职业联赛的最高领奖台，
让篮球城市的殊荣在东莞更闪耀。
从职业女篮，到三人篮球，到各种民间比赛，
东莞拿过数不清的篮球冠军。
那一句“中国篮球看广东，广东篮球看东莞”，
名不虚传。

篮球，早已深深融入东莞人的血液里。
东莞人到底有多爱篮球?
他们不仅懂球，而且亲自上阵。
这里的“村BA”闻名全国，
男女老少，全村参与。
“村村有篮球场，镇镇有篮球馆，天天有篮球赛。”

无论是0点的午夜，还是4点的清晨，
只要在街头，你就能看到有人在打篮球。
近几年，东莞人不仅篮球打得好，还越来越潮，
热血、飞跃、灌篮，这些漫画里的场景，
天天在东莞上演着。

新生 Xinsheng

# 新生

## 这里不仅是近代史开篇之地

篮球是东莞的标签，也是这座城市的活力之源。
早上还是穿梭在城市里的新锐白领，
晚上就换上球衣斗牛。

打完球，再到市中心散步，叫上兄弟们喝茶饮，
抬起头，是高楼寰宇。走起路，是嘻哈带风。

体育不仅是竞技，更是一种生活态度。
年轻，就是有资本。

年轻啊，东莞确实年轻。
她今年（2024年）才36周岁，
资料显示，其常住人口的平均年龄是33.4岁，
几乎和城市同龄。

如果你对东莞的城市印象还停留在制造业集群的厂房，
那你一定要到中心城区的南城走走。
现代，舒适。
在《中国大城强城指数报告2022》里，
东莞的资本生产率仅次于深圳，高居全国第二，
土地生产率仅次于深圳、上海，位列全国第三。

年轻的东莞也有着不少大家熟知的故事。
中学历史教材一定会提到林则徐销烟，
而那段浓墨重彩的历史正是发生在东莞虎门。
作为虎门销烟的所在地、第一次鸦片战争的重要战场，
东莞，是中国近代史的开篇之地。

如今在虎门，那一枚枚带着岁月痕迹的大炮，
时时刻刻提醒着我们要铭记历史。
如今在虎门，那宏伟的虎门大桥，
俯瞰着珠江狮子洋，连接着广州南沙，
早已是珠江两岸及粤东、粤西的重要交通枢纽。

漫步虎门，心头总会肃然起敬，
中国内地第一家“三来一补”企业——太平手袋厂在虎门诞生，
“世界工厂”就此起步。

而这个以服装出名的美丽小镇，
拥有众多国家级、省级物质文化遗产，
以及非物质文化遗产。
可以说满街都是历史，到处都是宝藏。

说到东莞宝藏，一定不能漏了东莞烧鹅濑粉。
有多少人，跑来东莞只为了一碗烧鹅濑。
看师傅准备下手，
脑海里早已全是那香味、那嫩滑……

来东莞寻觅美食的，
肯定会到莞城老城区，
这里的老街老巷处处弥漫着烟火气。
绝对不要错过生滚的“煲仔”；
绝对不要错过驰名的东莞腊味。

在莞城，
时间会变得缓慢，时空也会交错。
一边是老藤椅，一边是咖啡店，
丝毫不违和。

# 新意

## 东莞真的卧虎藏龙

是的，在东莞你总是能找到自己所爱。

东莞拥有35个镇街（园区），

每个镇街都有自己的招牌，都有自己的绝活。

比如东坑镇有“卖身节”（古为受雇“卖身”，今为泼水节），

石龙镇有新昌鼓，

大朗镇以毛织出名，

厚街镇有家具中心，

中堂镇有制作龙舟的手艺人……

当然，不得不提当红“辣子鸡”松山湖。

在这“国之重器”与知名科学家的聚集之地，

有中国散裂中子源——发展中国家第一座散裂中子源。

一批一批科学家胸怀着抱负和责任，

驻扎并生活在此，

其中，被称为斜杠女科学家的黄蔚玲，

在东莞生活了近十年，

见证了松山湖从梦开始的地方，

到现在的光芒万丈。

散裂中子源的园区，绿荫葱葱。
周边的未来学校，蓄势待发。
上下班在松湖烟雨里漫步，亦安静清新。
生活不在别处，就在此地。

松山湖，也拥有华为等众多知名民族企业。
当小火车穿梭在华为小镇时，
华为的员工们正以东莞速度改写着更多的
不可能。
松山湖不仅是先锋的“科创宇宙”，
同样是能留得住人的美丽宜居之地。

这里科技先锋；
这里绿意盎然；
这里湖光山色；
这里人才济济。

在松山湖，
你可能会偶遇不同领域的大咖。
他们低调、随和，
和这座城市共同成长。

这里卧虎藏龙，出圈的产品层出不穷。
冬奥会中国队部分项目的训练头盔就是出自松山湖企业，
刷新马拉松世界纪录的基普乔格手上的智能手表，同样是东莞松山湖造。
制造业排头兵的名号，东莞名不虚传。

2022年，东莞正式迈上生产总值过万亿、城市人口超千万的“双万”城市新起点。
从全球每3件玩具、每5件羊毛衫、每10双运动鞋，其中之一就是东莞造，
到全球每5部智能手机就有1部东莞造，这座年轻的城市正开足马力转型创新，
从“世界工厂”到“科创制造城市”，青春，正当时。

1m
13m
岐江桥

# 中山：香山慢节奏

Zhongshan

（在线阅读）

漫步在这条中山最靓的街，
香山的历史，瞬间跃然眼前。
西连石岐河，
南绕烟墩山，
东达孙中山纪念堂，
山水城的格局，
让孙文西路居于闹市中，又安得一隅。
路两旁，屹立着历经数十年、上百年，
甚至几百年历史的
**中西结合古典建筑、南洋风格骑楼，**
**它们无不见证了香山的辉煌岁月。**

在中国众多座城市里，
有上百条“中山路”。
但唯有她，以中山作为一整座城的名字。
她是一代伟人孙中山先生的家乡，
中国飞人苏炳添，从这里“起飞”。

她是早在1997年就荣获“联合国人居奖”的宜居城市。
她曾经，叫香山。
1925年，为纪念孙中山先生，更名为中山。
她如今是“国家森林城市”，
是粤港澳大湾区首个获得国家气候标志的“中国气候宜居市”。

每当人们要买家具，想起了她。
想来口香到骨子里的乳鸽，同样想起了她。
而大湾区想要慢下来生活的人们，
也在不知不觉中，慢慢爱上了她。

小日子 Xiaorizi

## 漫步最靓的街
### 享受如诗般的小日子

距离广州不到100公里的中山，出了名的宜居。
面积不大，独得一片安隅。
这里的生活，总是慢慢悠悠的。
中山人也笑称，一辆小摩托，随时回家报到，
或去老街逛一逛，就能找回生活的光。

在石岐老城，关于中山的城市记忆，要浓烈许多。
孙文西路就是一个充满故事，
却又逐渐隐没于繁华的地方。
毗邻石岐河的这条街，
中山人可谓无所不知、无所不晓。
有曾经的繁华，有今日的时代融合与新生。

2023年，广东省仅有两个街区新入选了第二批国家级旅游休闲街区，
孙文西路便是其中之一。
漫步在这条中山最靓的街，香山的历史，瞬间跃然眼前。
西连石岐河，南绕烟墩山，东达孙中山纪念堂，
山水城的格局，让孙文西路居于闹市中，又安得一隅。

路两旁，屹立着历经数十年、上百年，
甚至几百年历史的中西结合古典建筑、南洋风格骑楼，
它们无不见证了香山的辉煌岁月。

香山商业文化博物馆，
在一栋粉色的洋楼里。
里头是历史轨迹，外头是时代潮流。
隔壁的思豪大酒店旧址，城墙已斑驳，
满是时光的痕迹。
站在中山永安公司旧址前，
很难不让人想到，它们曾经的繁华夺目。
在老街走一走，
能知道中山人慢节奏的底气，来自哪里。

认真搞事业，成就商业传奇的华侨们，
回到家乡后，努力建设，认真生活。
闹中取静，说的是大庙下牌坊内街的香山书房。
从书房走出来，抬头便能遇见中山的浪漫，
骑楼前的花，开得正繁盛，
远处的幻彩摩天轮，转啊转。

就像这座城市的悠悠岁月，
不疾不徐，娓娓而来。

特色味
Tesewei

## 尝遍街巷
### 那些吃不腻的特色味

对于中山人来说，一砖一瓦，一街一店，
都是令人舒心又美好的记忆。

只是真正能让人们专门跑一趟的，
还是石岐乳鸽。
最有名的，必是红烧乳鸽。

皮脆肉滑，甘香鲜美，幼嫩可口，油而不腻。
常言“一鸽胜九鸡”，绝不夸张。
因为中山人做乳鸽，也讲究得很。

以出生13天的“妙龄乳鸽”为原材料，
个头较小，但肉质非常嫩，一口爆汁。
且不同于一般酱汁的红烧，中山乳鸽，先卤，后炸。
表面变脆，脂肪化油，肉还嫩，香到没朋友。

中山人有100种吃鸽的方式，
药膳鸽、盐焗鸽、乳鸽饭……
爱吃鸽，在这从不会失望。

比起不会失望，中山还有本事让你念念不忘。
来自小榄镇东升的鲩鱼，鱼肉是脆的。
嘎嘎有嚼劲，越吃越上瘾。
清水煮一煮，就能令人欲罢不能。
为了让鱼肉更脆，
他们甚至想到了用蚕豆来打辅助。
每年固定时间，给鱼喂养蚕豆，鱼肉就脆脆的了。

在黄圃镇，吃腊味，才是日常。
几乎鲜有人知道，广式腊味的发源地，便是黄圃。
100多年前，这里就是远近闻名的“腊味之都”了。
来到这里，“腊味九大簋”千万别放过。
还有西洋菜炖陈肾、腊味蒸土鸡、腊味蒸海鳊、腊肉熘雷干……
一次吃过瘾。

再到小榄镇，你会发现中山美食新世界。
吃菊花！小榄菊花远近闻名，
小榄人搞出的菊花宴，
分分钟惊掉你的下巴。
三蛇菊花羹、菊花肉、菊花水榄、菊花蒸肉丸、菊花炸鲮鱼球、菊花焖猪肉、菊花炒牛肉……
有菊，皆成美味。
中山小镇众多，一镇有一镇的特色味。

哪怕是在石岐中心城区，
走进一家小吃店里，
都可能是中山人从小吃到大的味道。

先驱性
xianquxing

# 寻找“广东四小虎”
## 那些闪闪发光的荣耀

打破“宜居”的边界，
如果要用另一个词来概括中山，
应该是“先驱性”。

不论是思想，还是行动，
都让中山一度站在了“广东四小虎”的位置上。

中山的实力，同样在时光里，闪闪发光。
当年诸多行业都在此落户，制造产品，流向全国，
如制锁、开关、制药、五金……
其中，家化日用业是最强的，
直至今日，不少人家里的清洁、家化用品，产地都写着中山。

谁说只有大涌镇的红木家具，占据了你的卧室、客厅，
还有中山灯饰，又照亮了多少黑夜，温暖了多少个家呢?
在古镇镇，中山的灯饰卖场，宛如一栋巨型光之迷宫。

占地70亩，楼高11层……汇聚国内外灯饰品牌超过400家。
根据中国照明电器协会的数据，古镇灯，占据着我国灯饰产业70%的份额。
并且，凭借卖灯饰，古镇镇的人们，还硬是整出了国家4A、3A级旅游景区。
不得不服。

前文提过，小榄镇花式吃菊花。

其实，小榄的菊花产业，更是如火如荼。

一年一度菊花会，热闹不已。

而一看到榄菊蚊香，那些和蚊子大作战的夏天记忆喷涌而出。

除了老牌实力，

中山镇街的新兴科技力量，也是蒸蒸日上。

南头镇，中国家电品牌基地；

东凤镇，中国小家电创新基地；

黄圃镇，中国家电制造基地。

不夸张地说，

中山，承包了你的“美好生活”，方方面面。

有浪漫的氛围，有好吃的特色美食，
还有深得人心的生活家具产品。
一个字，妙。

再回头看，
对所谓的“先驱力量”是不是有了更清晰的感触。
别看中山人慢下来了，
深入城市肌理，
就发现她更懂生活，亦更加纯粹了。
大有先入世、后出世的格局和风范。
这，就是中山。

# 江门：五邑侨乡，四海狂飙

Jiangmen



（在线阅读）

**江门人就是这样，**

**在百年、千年的岁月长河里，**

**浩浩荡荡地出海。**

**亦满怀欣喜，载誉归来。**

然后把世界带回江门。

早在《狂飙》之前，

台山大同河畔的梅家大院，

就以《让子弹飞》里的鹅城，

向人们展示了侨乡的风采。

2023年电视剧《狂飙》最大的赢家，除了张颂文，
还有风情万千的华侨之乡——江门。

直到今天，天南地北的人们，
还是追着剧，孜孜不倦地涌入这里。

走过古老的骑楼街，吃上一碗同款猪脚面，
望着田野里，那上千幢饱经风霜岁月洗礼过后，
依然威风凛凛、坚若城堡的碉楼，
谁不叹一句：中国侨都，又飙了一回！

著名侨乡，也是著名“名人之乡”。
这里走出了陈白沙、梁启超、冯如、司徒美堂等风云人物，
也是刘德华、梁朝伟、周润发等100多个明星的祖籍之地。

千年侨乡 Qiannian qiaoxiang

## 千年侨乡的万般风情

江门临海，有超长的海岸线。
于是人们很早就意识到，得朝四海狂飙。
江门人从唐朝就开始走向海外。
明朝，这里已是中国最早的“国际贸易港”之一。

他们敢闯，有魄力。
恩平人跑到委内瑞拉，努力打拼；
台山人奔赴美国、加拿大，是中国最早的淘金者之一；
江门人在美国建立唐人街，成为出力最多的那一批。
他们还擅长于中西混搭，并将中餐文化带火国外，
什么左宗棠鸡、花椰菜牛肉、咕噜肉、炒粉，等等。
在2019年，江门获得了中国首个“世界名厨之乡”的称号。

江门人就是这样，
在百年、千年的岁月长河里，浩浩荡荡地出海，
亦满怀欣喜，载誉归来，
然后把世界带回江门。

早在《狂飙》之前，
台山大同河畔的梅家大院，
就以《让子弹飞》里的鹅城，
向人们展示了侨乡的风采。

108幢骑楼，
如同训练有素的士兵，整齐划一排列开来。
风格彰显，大气磅礴，
俨然一座小方城。

梅家大院创建于1931年，
由当时的归国华侨，以及侨眷侨属合力建造。
不仅融合了欧美各国元素，
又将岭南骑楼风格发扬到至极，
即便快百年过去，它还是让人眼前一亮。
抹掉影视滤镜，这片片砖瓦垒起来的，
是一批又一批出海闯世界的华侨，
近百年奋斗史的一大缩影。

不只是梅家大院，
因侨而盛的一大典型，是赤坎华侨古镇。
这里绵延3公里的600多座骑楼，
都是海外侨胞从20世纪二三十年代开始兴建的，
如今已成为国内首个以华侨文化为主题的大型度假区。

要说最能代表这座城市记忆的，
还得回到老街，
那个被称为“江门起点”的墟顶街。

这里曾经因水而兴，渡船云集、人声鼎沸，
是16世纪就已繁盛一时的地方。
如今，最初的33级石阶梯尚在。
可老街，已然安静下来。
唯有一排排密密麻麻的骑楼，
以及尚能感受到民国气派的商号建筑，
在无声地守护着，江门的过往烟云。

而在乡间田野里，各式碉楼千姿百态。
最出名的当数开平碉楼，
广东首个世界文化遗产，
中西合璧，绵延百里，堪称“万国建筑大典”。

从城市到乡村，
江门的侨乡风情，无处不在。

# 山海之城的好时光

烟墩山与蓬莱山夹在蓬江两岸，
对峙如一扇大门。
江门，因此得名。
翻过历史书，就会知道，
江门自古就是一个海纳百川、兼容并蓄的地方。
这座山海之城的好时光，
值得细细一品。

这里，藏着侨乡之美的另一面。
是和谐又古老的自然生态；
是建筑光环之下，流淌于市井间的人间烟火；
也是散落在城市角落的人生况味。

近百年前，巴金先生爱上江门的理由，
一定有这棵盘踞在长河泥墩上的大榕树。
后来，人们从《小鸟天堂》里读到了，
如“天堂”一般美丽的江门新会。

但很多人不知道，
江门拥有600多年历史的古劳水乡，
有着江南水乡的韵味；
有个恩平石头村，
古旧的石头房子，藏匿着岁月静好；
这里还有个横坑，
被涂上了彩虹颜色的房子，新潮、斑斓而绚丽。

如果来到江门的海边，眼前又会截然不同。
比如，上川岛和下川岛，
江门这两座纯净的海岛。
绿意盎然的大山和无敌海景，是上川岛的魅力；
而下川岛，则是踏浪的好去处。
江门人是懂生活的，
走过一遍山海，游历一遍水乡，
最终会回归到，充满生活能量的市井烟火里去。

传统地道的小吃，
就是江门多样面孔下，
诱人的细节之一。
肠粉不用多说，总有江门人心中
最好吃的那一家。
要吃就得吃带地名的，
就像台山黄鳝饭，
最早诞生于水步镇。
如今在江门很多地方都能吃到。

还有蔡澜点名要吃的恩平濑粉，
这个美食家吃过一次之后，
忍不住感叹“做个恩平人也太幸
福了”。
在新会，除了陈皮出名，
古井烧鹅更是香飘十里。
作为新会传统大菜，
它是省级非物质文化遗产之一。
走在新会街上，
总能看到排队买烧鹅的，
这是人们辛苦一天后，
对自己的嘉奖。

比起追忆骑楼上的历史和荣光，
骑楼之下的人生况味，
才是生活不灭的光亮。

低调之城 Didiao zhicheng

# 低调之城的新潮流

近年，江门儿童公园火爆全网。
吸引周边城市不少家庭专门打卡。
有些具有原创特色的无动力公园，
将儿童公园的颜值和好玩，
做到了天花板级别。

当时很多人都没想到，
这样具有开创性的儿童公园，居然是江门的。
想来，也有迹可循。
作为侨都，最不缺的便是面向未来的世界性眼光。

面对新旧时代更替与大融合这件事上，
自古向海外求索的江门人，早就深谙其道，
并做出了最好的榜样。
魄力与格局，让江门再一次领跑。

想起《狂飙》总制作人对她的评价：
“既保留了老洋楼，也有浓厚的都市气息……
把传统骑楼街活化翻新后，
聚集了奶茶、咖啡等新业态，
把传统和现代元素很好融合在了一起，
体现了新旧时代的衔接。”

文化上如此，生活上如此，
在经济上，江门也彰显新时代的“狂飙”之力。
就在2022年，江门地区生产总值同比增长了3.3%，
增速排广东省第二。

曾经，江门的辉煌，由海而来。
如今，江门同样，在大力向海发展。
大广海湾经济区，持续发力。
东联港珠澳，西通粤西及西南诸省，
南临南海，汇集江门市丰富的海洋资源。
江门未来潜力无限，
新时代的向海征程，
将从这里启航。

# 阳江：贵地总无忧

Yangjiang



（在线阅读）

**椰风浪琴和生猛海鲜之外，**

**文化内涵是海陵岛充满魅力的另一面。**

从海上丝绸之路

到开渔节的百舸争流，

从哺育阳江人的海产

到吸引游客的旅游业，

原来，从过去到现在，

阳江一直在讲述属于自己的故事。

“阳江贵地总无忧。”阳江人多半知道这句老话。
这座位处粤西的临海城市，
是“2022中国最具幸福感城市”之一，
也是全国优秀旅游城市。

从浪漫别致的海岛，到美食棋布的城区，“安居”，也“乐业”，
洋溢着幸福感，汇聚着生命力。
满载荣誉的阳江，
不仅有自然风光的奇绝秀丽，还藏着“生猛”的一面。

浪漫 Langman

# 在海岛上寻找极致浪漫

九山灵秀，七湖缀城，漠阳江畔，坐落阳江。

紫罗山、鹅凰嶂、天露山三面环绕，
三山一海是大自然给予阳江的馈赠，
让旅游成为这座城市的重要名片。

湖山一体，海天一色，
鸡笼顶的峰林俊秀中藏着高山草甸，
龙高山、草王山则向南守着海门。

山海兼优是阳江的特点，
句“百里画廊，水墨阳春”难以将自然的奇绝完全描绘，
大海更诠释着这座城市的深度与广度。

提到阳江旅游，人们总会想起海陵岛。
它是“中国十大最美海岛”之一，更是四季如春的世外桃源。
全年多达310天晴天，让阳光将海陵岛肆意滋养。
随着海陵岛大桥在2020年开通，
这块“未经雕琢的翡翠”变得更加热闹。

十里银滩上坐落着广东海上丝绸之路博物馆，
——它是世界三大著名沉船博物馆之一，
展示着“南海I号”南宋沉船，无声地铺陈那岁月芳华，
阐述着海上丝绸之路的历史和意义。

古代贸易的欣欣向荣在“南海Ⅰ号”重见天日的文物中呈现，
反映着古代东西方文明交流的文化底蕴，
也足以让人感受中华海洋文化的源远流长。
推进“一带一路”建设的今天，“南海Ⅰ号”连接着历史与现在，
为海上丝绸之路的传播提供了文化基础。

从2003年开始，海陵岛每年都举办开渔节，
如今已是广东省十二大节庆活动之一，
每到开渔节，阳江人千帆竞发奔南海，
将海鲜狂欢推向高潮。

位于海陵岛的闸坡镇有着国家级中心渔港，
活蹦乱跳、当晚回港的生猛海鲜，
成为餐桌上的佳肴，
在日常生活中滋养着当地人，
也满足了游客们挑剔的味蕾。

在闸坡海鲜市场淘货，
光是看着那琳琅满目的海产，
就能体会何为“鱼米满仓”。

椰风浪琴和生猛海鲜之外，
文化内涵是海陵岛充满魅力的另一面。

从海上丝绸之路到开渔节的百舸争流，
从哺育阳江人的海产到吸引游客的旅游业，
原来，从过去到现在，
阳江一直在讲述属于自己的故事。

Diyun 底蕴

## 在如歌的岁月里感受底蕴

海陵岛是阳江的名片之一，但阳江又不止拥有海陵岛。
阳春的奇绝风光与特产风物令人赞叹，
阳西的咸水矿温泉声名远扬，
阳东的传统文化丰富多彩，
山高、水美、海阔、林深的阳江，四个区县各有千秋，
共同诠释着一座城池的魅力。

名为“鼍城”的阳江，从来不乏历史底蕴，
明朝的净业寺、清朝的雅韶十八座，还有建于南宋年间的北山石塔，
都经历过时间的洗礼。

拥有1400年历史的风筝文化，为阳江赢得“中国风筝之乡”的美誉，
也形成了“南阳江，北潍坊”的格局。

除此之外，漆器、龙舟、山歌、楹联、诗词等文化，
让“鼍城”变得更有味道。

鱼米之乡，特产与文化向来丰饶，
而最能感受阳江底蕴的，当属老城区。

漠阳河畔的河堤路，
过去商铺林立，
如今依旧热闹非凡，
和它邻近的南恩路，
同样散发着人间烟火气。

龙津路、太傅路和南恩路交会处，
满街的地道美食，
承载着阳江人溢出屏的幸福感。
如果没有吃过猪肠碌，
不足以说到过阳江。

幸福感 Xingfugan

# 在滨海小城中寻找幸福感

佳肴让人垂涎，风光足够醉人。
在阳江，城市森林覆盖率高达57%，整个城区就像一座大公园，
蓝天、白云和碧海构筑的场景里，
生活是悠闲的，人情是温暖的，经济也是蓬勃发展的。

刀具、豆豉和漆器，被称作“阳江三件宝”，它们体现着阳江“传统”的一面。
阳江十八子有着“中国第一刀”的美誉，知名度有多高就毋庸赘言了。
如今王麻子、张小泉齐聚阳江，开拓了崭新的刀剪产业格局。
“山珍海味，佐料有我”，阳江豆豉早已是“中国地理标志产品”。
随着食品加工产业的蓬勃发展，阳西获得了“中国调味品之都”的称号。
而驰名中外300年的阳江漆器，
正以漆画和漆艺的形式获得新生，
作为国家级非物质文化遗产得到保护和传承。

中国三峡

如果说优越的航运条件是大自然对阳江的眷顾，
海上风电的发展就是阳江在新时代的探索。
致力于“立足广东、面向全国、辐射全球”，
阳江的海上风电产业实现了从无到有，
发展成为全球产业链配套最齐全的风电产业集群，
预计2026年产业链总产值将超千亿。

在阳江海域远远望去，一座座大风车迎风而立，
似乎在迎接着“春天”降临。

阳江人呐，既朴实善良、悠闲自在，
又焕发着勃然生机。

尤其是，当旅游、医疗、养老、文化等产业融合，
当“阳江制造”转型升级为“阳江智造”，
阳江的年轻人也激发着这座城市的活力。

生猛又宜居的阳江，当真给人满满的幸福感哩。

# 湛江：寻找那海那蚝那人

Zhanjiang



（在线阅读）

狭长的雷州半岛三面环海，
大大小小的岛屿好似珍珠落玉盘。
湛江湾和雷州湾两个蓝色海湾环抱着她，
颇有“海在城中、城在海中、
城中有岛、岛立城中”之感。
**一个半岛和30多个海岛，**
**让湛江成了名副其实的“岛屿富翁”。**

广东最早入夏的城市，一般是湛江。
活在热搜里的城市，也是湛江。
这几年，湛江爆火，
从弥漫金色芬芳的菠萝的海，
到爆款剧《隐秘的角落》风靡全国，
再到奥运冠军全红婵火遍全网……

作为影视剧的热门取景地和奥运冠军的家乡，
湛江有着独特的魅力，
夏天一到，海洋之城的热烈，就将彻底压不住了。

如今的湛江，早已不再处于“隐秘的角落”，
她，何以成为粤西之光？

海边浪 Haibian lang

## 就得去海边，浪浪浪

“北有青岛，南有湛江”，
是邓小平同志为湛江留下的一句美誉。

最初被称作“广州湾”的湛江，
是被遗忘的“七子”，
却也拥有着很多“第一”——
东海岛上犹如明珠悬挂的龙海天沙滩，
是媲美黄金海岸的“中国第一长滩”；

被联合国认证为“天然年鉴”的湖光岩，
拥有世界上保存最完好的火山口湖之一；
一半海水、一半火焰的硇洲岛，
是中国第一大火山岛；
岛上坐落着世界上仅有的两座水晶磨镜灯塔之一，
是世界著名的三大灯塔之一……
赤热的红土、热带的阳光和丰富的地质能量，
是大自然给予湛江的宠爱。
也成就了“湛江三绝”——
火山、红土地和热带水果。

不过，说到湛江给人的第一印象，
还得是绵长的海岸线。
作为中国大陆最南端的城市，
漫长又炎热的夏天，
赋予了湛江比大海更热烈的海滨风光。

狭长的雷州半岛三面环海，
大大小小的岛屿好似珍珠落玉盘。
湛江湾和雷州湾两个蓝色海湾环抱着她，
颇有“海在城中、城在海中、
城中有岛、岛立城中”之感。
一个半岛和30多个海岛，
让湛江成了名副其实的“岛屿富翁”。

1243.7公里的大陆海岸线，使这里拥有天高海阔的大气，
而那份躁动与热情，让湛江成为影视界的宠儿。
在《火蓝刀锋》中，
湖光岩和三岭山国家森林公园诠释着自然的灵韵，
海湾大桥则讲述着城市地标的工程之美。

在《红海行动》中，湛江波澜瑰丽的大海风光一览无遗；
《舰在亚丁湾》和《青春燃烧的岁月》里，
湛江的美丽也未曾缺席……
明亮又复古，秀丽又沧桑，
曾经的曾经，海上丝绸之路的商船从这里起航，
现在的现在，琼州海峡的轮渡在此频繁往返。

浪花飞溅，海的气息肆意蔓延，
那便是纯正的湛江味道。
是的，这座广东省海岸线最长的城市，
海鲜是无论如何都绕不开的话题，
开渔节万船齐发，满载而归的景象奇伟壮观，
日出而作，日落而息，
她努力成为“中国海鲜美食之都”。

如今的渔人码头，
已经成为主打市井文化的大型旅游区，
而在霞山水产市场和赤坎海鲜市场，
挑选上等的食材后可直接在附近的小店加工，
诸如蒜蓉蒸沙虫、炸虾饼之类的小吃让人垂涎。

虾和蟹，讲述着湛江人餐桌上的浪漫，
蚝则是湛江海鲜领域的王者，
蒜蓉生蚝、鲜蚝煮汤、酥皮炸蚝、白灼生蚝……
只用一只生蚝，
湛江就足以“制霸”南方的夜宵界。

在这里，热浪袭来，
没有人会在一天结束时空着肚子入睡。

# 就得去老城，沉醉于旧时光

由港而兴的湛江，
充满了海的气息，
《隐秘的角落》镜头游走，
让海滨风光和港城味道也充满了穿透力。

旧时光滤镜下的温暖，
是赤坎老城区给人的独特感受，
其中掺杂着新旧印迹的文化遗存，
是历史留下的痕迹。
湛江从古至今都是既内敛又饱满的。

雷州“十贤祠”中供奉着的，
有贬谪于此的苏轼、苏辙、寇准等名士。
雷州半岛的“雷州文化”，
见证着湛江本土风俗的变迁。
诸如石狗信仰、雷剧、雷歌、木偶戏等，
都洋溢着本土特色文化的魅力，
湛江人龙舞更是被誉为“东方一绝”。

徐闻菠萝的海和盐场，
是红土文化区的产业传承。
将目光移向城区，
霞山法式风情街在讲述世事变迁，
中式、岭南和法式风格融汇，
勾勒出湛江老城独特的韵味。

今天的湛江，
已成为“十纵十横”的重要节点，
徐闻与海口的航程便捷通达，
北港码头还有着亚洲最大的火车轮渡码头，
全中国首条跨海火车就从这里出发。

沉浸于海城风光固然惬意，
但若要细细品味那份岁月沉
淀的热烈感情，
唯有漫步于老城的街巷中才
能体会。

游走于民国老街之中，
在幸福路走一走，
本地的菠萝蜜会让你感受到
湛江的甜蜜，
一碗牛腩粉下肚，
那是飘满街巷的熟悉味道，
在水井旁闲坐攀谈，
便能找到独特的老城记忆。

阳光暖暖的，时光慢慢的，
倒影斑驳落在地上，
旧时光连接着新时代，
湛江的热情，
于骑楼和拱廊街间，
跃然眼前。

交朋友 Jiao pengyou

# 还得和湛江人，交个朋友

向大海讨生活的人，
都有着如海浪一般热情洋溢的个性。
湛江人便是如此，
热情好客，积极生活。

在湛江部分地区，有“年例过大年”的说法，
不管多忙，年例这一天都要赶回家，
年例的时候家家户户大摆筵席。
他们煲汤、饮茶、叹世界，
他们会告诉你，做人最紧要的是开心。
他们在火热和真实的生活中，
骨子里洋溢着对家乡的热爱，
以及对生活真谛的上下求索。

这种热情，
也体现在对家乡的建设之中。
从1984年被列入全国首批沿海开放城市之一，
到如今发展成环境优美的生态海湾城市，
湛江总是带着热情去拥抱时代，
当下也主动对接粤港澳大湾区、
海南自贸区和西部陆海新通道等国家战略，
湛江正扛起建设省域副中心城市的使命，
打造现代化沿海经济带。

现在的湛江，
宝钢湛江钢铁推动着绿色碳钢生产基地的形成，
中科炼化、巴斯夫一体化基地在东海岛上落地，
数字化助力千亿集群“跑起来”，
先进装备制造、新一代电子信息、绿色能源、海洋生物医药等产业不断发展，
让区域经济发展无比亮眼。
在区域发展和乡村振兴的战略下，资源禀赋也被转化为发展动能。
湛江湾作为“一带一路”支点港口承载梦想，
广湛客专的开工进一步向八方宾朋张开怀抱，
700多万湛江人正和这个时代一起，于百尺竿头更进一步。

这样的湛江，值得你和她“交个朋友”。

# 茂名：好心之城，聚宝之盆

Maoming

广东，凭什么说爱你

（在线阅读）

茂名是人情温暖的，
在沿河铺陈的茂南老城区，
市民游走在新湖公园，
江边的摩天轮眺望城市，
油城路和西粤路车水马龙，
人民广场呈现着市井百态……

**永久桥、竹园桥和高山桥，**
**连接着的不只是河东河西，**
**还有茂名人接地气的生活。**

在广东的西海岸，有一座“好心之城”，
她的名字叫茂名。

在这里，丰饶的土地孕育着一方人民，
美食佳肴与自然风光彼此映衬。
在这里，石油成了一座城市的根基与名片，
与国家的发展紧密相连。

绿城蝶变，山河为证，“南方油城”的故事在续写，
现在的茂名，依旧好心。

好心之城 Haoxin zhicheng

## 在好心之城

### 体会诗和远方

“济生有奇诀，救人须用心。”
隋朝就立县的茂名，名字来源于道士潘茂名。
作为一名药师，他以道医身份悬壶济世，
也成了“好心茂名”的精神启元。

“我事三代主，唯用一好心。”
在茂名人眼中，谯国夫人冼夫人同样是“好心”的象征。
经历梁、陈、隋三朝的她，
是中国古代杰出的女政治家、军事家，
为南朝、隋初岭南俚族女首领，
一生都致力于维护国家统一和民族团结。
这份家国情怀，世世代代影响着这座城市。

茂名是人情温暖的。
母亲河小东江穿城而过，孕育着茂名的水土与人文。
在河西片区，坐落着中国最大规模之一的炼油厂——茂名石化。

在沿河铺陈的茂南老城区，市民游走在新湖公园，
江边的摩天轮眺望城市，油城路和西粤路车水马龙，
人民广场呈现着市井百态……
永久桥、竹园桥和高山桥，连接着的不只是河东河西，
还有茂名人接地气的生活。

茂名也是有诗和远方的，
这座低调的粤西小城，可谓山河湖海一应俱全。

这里有广东三大渔港之一的电白博贺港，
来来往往的海船，将鱼虾蟹贝运往四方。

如今水东湾和博贺湾跨海大桥横亘，
早已构筑起重要的跨海通道。
这里有闻名遐迩的“中国第一滩”，
十多公里的海滨浴场四季皆宜，
透明的放鸡岛“海水能见度亚洲第一”。

粤西不仅有风光壮丽的大雾岭，
还有茂名森林公园这个“天然氧吧”。
论自然之馈赠，信宜总是荡漾着惬意之感。
在有“广东香格里拉”之称的天马山徒步登顶，
清风徐来，水波渐兴。
西江温泉的优秀水质，泡一泡更是不要太爽。

早在2005年，茂名就被授予“中国优秀旅游城市”的称号，
从市区远眺20公里外的浮山岭，
大概能体会“北山南海”的含义，
茂名的好心与温柔，不仅体现在人和城，
也寄托在山水之间。

水果之城 Shuiguo zhicheng

## 在水果之城
### 寻找岁月情怀

“南方油城”得天独厚，山河湖海一应俱全，
茂名给人的印象五花八门，
比如，这里是“水果之城”。

“一骑红尘妃子笑，无人知是荔枝来。”
高州是“荔枝之乡”，杜牧诗中脍炙人口的“妃子笑”，便是出自这里。
化州是“中国化橘红之乡”，
除了出产“南方人参”，橙、红杨桃和红阳番石榴也是声名远扬。
信宜则是“中国李乡”，三华李令人垂涎三尺……
茂名下辖的三个县级市，可谓各有千秋。

除此之外，茂名还是“中国沉香之乡”“中国罗非鱼之都”，
“小特产”成为“大产业”。
这里不仅是高凉文化的发源地、兴盛地和传承地，
更是物产丰饶的聚宝盆。

作为广东城市，“吃”总归是绕不开的话题，
央视甚至拍了一集长达50分钟的茂名年味故事纪录片。
将粗盐腌制一晚上的海鱼煎熟，就是一道简单的美味，
把海鳗的鱼鳔灌入虾滑，便是“金玉满堂”。

还有那酸甜香辣的杨桃鸭，
独具特色的竹筒鸡和化州香油鸡，
可炒可捞可汤的粉皮，
陪伴茂名人长大的牛杂和牛腩，
以及蚝炸、水东鸭粥……
都讲述着“舌尖上的茂名”。

水果与食物中藏着岁月情怀，
传承粤西文化的年例则是茂名人内心深处的眷恋。
出门在外的人，春节可以不回家，
但年例一定要赶回来。

鞭炮与烟花齐放，还有那花式巡游和祭祀，
以及几百桌一同开席吃饭的仪式感。
茂名人吃的不只是年例，
那可是乡愁啊。

石油之城 Shiyou zhicheng

## 在石油之城
### 感受风云蝶变

低调又务实，好心且宜居，
当你于春天漫步于茂名，
阵阵微风吹拂着小城花香，
春光无限中洋溢着幸福感。

如此场景，
很难让人将这座城市与“石油”联想到一起。
20世纪50年代，万人上演“愚公移山”，
在茂名60多年的石化工业历史中，
对页岩油的开采曾助力国家的工业腾飞，
“从石头里榨出油来”一度成为茂名人的石油精神。

现在，茂名石化已经从页岩油厂，
转变为全国首座千万吨级炼油生产基地，
在转型升级的过程中加速洁净步伐，
让这座城市从“油城”向“绿城”蝶变。

高新区的石油化工依旧热火朝天，
滨海新区已经在向绿色化工和氢能产业发展，
水东湾新城则主攻滨海文旅和医疗康养产业。

“绿水青山就是金山银山。”
曾经的露天矿变成了今日的生态公园，
“城市伤疤”也化作了“好心湖”。

因油而生、因油而兴的茂名，
如今已然是“中国十大环境舒适之城”。

漫步于公园之中，
远处的烟囱在夕阳下留下剪影，
那是“油城”艰苦奋斗岁月中留下的痕迹；
绿意盎然的当下，
则是茂名人正体会的生活滋味。

那么，不妨去拥抱茂名吧，
去感受那一份务实，
去体会那一份好心。

七星岩

# 肇庆：景在城中，『好渗耍』

Zhaoqing



（在线阅读）

城外鼎湖山，市内七星岩。

手握这两张绿色王牌的肇庆，

如同藏于山水画卷里，

足足值得称一句“大湾区最靓的仔”。

**山湖城江，推门见景。**

**入景即入画。**

很多人对肇庆的认识，就是从花开始的。
你看，四会有兰花，
在广东的大街小巷，年年怒刷存在感。
绝美的星湖紫荆花长廊，
盛开时，妥妥地走出一条花路。
花开满城，江河绕过万重山，
她是肇庆。
宋徽宗为她命名，包拯在这做过官。
她的特产之一端砚，历史悠久，
曾位列“文房四宝”第一梯队。
她，古有“岭表南来第一州”之称，
今以“岭南第一奇观”闻名遐迩。
当地人说起肇庆，
那必得是三个字，“好渗耍”！

# 山水画卷

## 景在城中不见城

城外鼎湖山，市内七星岩。手握这两张绿色王牌的肇庆，
如同藏于山水画卷里，足足值得称一句“大湾区最靓的仔”。

要知道，在20世纪50年代，
新中国第一个国家级自然保护区，就是鼎湖山。
并且，它还是中国科学院属下唯一的自然保护区。

峰峦叠嶂、古木参天、飞瀑流泉、鸟语花香……
这里至今还保存着生长了400多年的季风常绿阔叶林，
因而，它又被称为“北回归线上的绿色明珠”。
与这颗自然“明珠”并肩而立的，
是位于肇庆市区的七星岩。
山湖城江，推门见景。
入景即入画。

肇庆的城市日常，叫人艳羡。
作为首批国家重点风景名胜区，
七星岩在肇庆人的生活里，
是明亮的点缀，亦是日常的陪伴。

难怪人们都说，
走一趟七星岩，
才知道什么叫做“景在城中不见城”。

如果你站在远处，或泛舟湖上，远眺星湖。
七座石灰岩山，
披着绿色披风，踏湖而来，
像北斗七星一样，
洒落在将近600公顷的星湖之上。

从仙女湖、中心湖、波海湖、青莲湖一览而过，
可见峰林、溶洞、碑刻、寺庙等。
尤其是被历代文人墨客如苏轼、包拯等赞誉过的
500多幅摩崖石刻，
已成“千年诗廊”。
所以，你看，这“岭南第一奇观”的姿态，
实在是霸道，又温柔。

可肇庆真正的柔美，还不在这。
当西江劈山开岭，
自云南马雄山滚滚而来，
在肇庆历经百转千回。

便有了气势磅礴的西江小三峡，
还有无数个奇峰异洞，
和曾被《中国国家地理》评为“广东最美地方”的盘龙峡。
如果说肇庆，以山为骨架，以水为墨笔，
那么描绘出的，便是今天“山、湖、城、江”的千姿百态。

丛林深处，有瀑布。
峡谷之外，有竹林。

千年古城

Qiannian gucheng

# 千年古城脚下

## 岁月有光

900多年前，肇庆名为端州。
曾是宋徽宗作为王爷时的封地，
后得到宋徽宗亲笔御书，
写下了“肇庆府”，
寓意为“开始带来吉庆”。

此后千年，的确，
在开启岭南文化之源的路上，
肇庆一直引领前行。

漫步宋城墙，人们仍在片片砖瓦里，
探到肇庆藏在岁月长河里的秘密。
这座位于旧城区的古老城墙，
还保留着宋、元、明、清等多个朝代
的砖砌墙壁。
如此完整，广东第一，全国罕见。
因而又被称为“砖的博物馆”。

历史的车轮，
在肇庆留下了清晰的脉络和印记，
且独一无二。

偶尔到古城墙走一走，
能够看见肇庆的情调。

在那个文人墨客，风流与才情盛行的年代。
文房四宝砚为首，四大名砚端为首。
肇庆的端砚，
俘获了多少读书人，谁知道呢。
只知道，在今天的白石村，
人们还能看到，
传承了1300多年的端砚文化。
书案上的砚墨香，飘了千年。

岂止如此啊。
牙雕、玉雕、竹编、工艺扇，
这些传统工艺在肇庆人手中，
仍保留着浓厚的地方特色。
还有怀集的贵儿戏，
我国稀有的戏曲剧种之一，
传唱了200年。
岭南名郡沉淀下的韵味，
散落在肇庆的每一个角落。
是古城墙、披云楼上的点点星光，
亦是浪打浪的西江里，
叫人念念不忘的鱼。

没错，肇庆，还是尝鲜派的天堂。
“岭南第一塘，文岃鲤鱼王”，
说的便是鼎湖沙浦的文岃鲤。
清蒸后，那叫一个香。
此外，肇庆还有——
鼎湖上素的鲜，白马茶香鸡、德庆白切鸡的香，
也有裹蒸、竹篙粉、端州疍家糕这样的名点小吃。
漫步古城墙，品特色美食，
肇庆人向往的生活，不就是这样嘛。

时代
新潮
Shidai
xinchao

# 时代新潮的浪里
## 未来可期

从千年古城，到生态绝美的花园之城，
肇庆是大湾区自然与文化的强大依托。
肇庆作为粤港澳大湾区城市圈的一员，
拥有全省通往西南地区最长的高铁通车里程，
还有西江黄金水道保驾护航。
占据着粤港澳大湾区总面积的近27%，
可开发利用空间大，
肇庆的发展潜力巨大。

历经千载、云卷云舒的这座城，
借着时代的东风，正在用另一种面貌，面对世界。
昔日鱼塘水田变新区，古城变制造新城。
肇庆未来将瞄准高新制造业，
为发展注入强大的活力。

除了制造业，能源行业、农业、服务业等齐头并进。
省级以上的高新技术企业投资项目达94个。
其中端州区、鼎湖区、肇庆新区备受青睐。

同时，肇庆的未来蓝图，也在一笔笔勾勒出来。

一方面，积极融入大湾区发展新格局，
与横琴、前海、南沙三大平台深度对接，
建设粤港澳深度合作（肇庆）示范区。
另一方面，肇庆在交通上频频发力，
大力推进“东融西联”，打造肇庆“三大交通圈”，
积极创造“大湾区一小时生活圈”。

是的，以后去肇庆，
不管你是看山湖交相辉映，
还是吃上一口西江河鲜，
抑或在这座城市追梦。
这座千年古城，都时刻准备着。

# 清远：坐看云起时

Qingyuan



（在线阅读）

**在“完美度假”的演绎上，**

**这座粤北“风城”从没输过。**

毕竟，“国字号”的生态荣誉，

一抓一大把。

除了中国温泉之乡、中国漂流之乡，

还有国家园林城市、中国宜居城市，

以及中国龙舟之乡、中国摄影之城、

中国英石之乡、中国生态诗歌之城……

清远，多的是你还不知道的事儿。

2023年，清远刚刚过完35岁生日。
也许，广东的兄弟姐妹们，
给清远庆生的最佳方式，
就是继续——到清远好好吃！好好泡！好好漂！

吃的，是“飞”上国宴的清远鸡；
泡的，是“中国温泉之乡”的泉水；
漂的，是“浪尖上的过山车”。
为什么爱清远？以上答案均对。

在“完美度假”的演绎上，这座粤北“凤城”从没输过。
毕竟，“国字号”的生态荣誉，一抓一大把。
除了中国温泉之乡、中国漂流之乡，还有国家园林城市、中国宜居城市，
以及中国龙舟之乡、中国摄影之城、中国英石之乡、中国生态诗歌之城……
清远，多的是你还不知道的事儿。

# 梯度、速度、温度，度度一流

虽然没有海，可她陆地盘子，够大。
作为广东省陆地面积最大的地级市，
清远山地多，丘陵多。连江、滃江汇入北江。

森林覆盖率近70%，单体旅游资源686个。
如其名，这座城山水清澈，山林深远。
地形跌跌宕宕、起起伏伏。
快乐的生态乐园，就有了。
山林间，峰林、溶洞、地下河等等，
都是清远好看又独特的资本。

还有广东唯一的峰林游廊——英西峰林。
上千座石灰岩山峰，连绵20多公里，真的很壮观。
广东第一峰，南岭山脉主峰石坑崆高1902米，峻峭秀丽。
在连州地下河，你会看到瑰丽的石钟乳石，
宣扬着大自然的奇妙画工。
这儿，就是“广东地下第一河”了。

最后回到山间，便是清远的重头戏——漂流。
速度和激情达到了峰值的，当属古龙峡和黄腾峡。
峡谷险峻，河道落差分明，
管你什么疲惫、不愉快，在这里漂上几个来回，
身心全部得到一遍洗礼，仿佛启动了一键消除烦恼模式。

清远的峡谷里，不仅刺激、爽快，更是花样百出。
在龙腾峡，空中玻璃漂流和天然峡谷河道齐上阵。
还有溶洞漂流，比如英西峰林九重天内的老虎谷漂流，
更是漂流勇士的偏爱。
再如，阳山的神峰关漂流，20℃清爽的夏天，谁能抗拒呢。

而到了冬天，清远就会非常贴心地，
奉上丰富多样的温泉套餐。

作为温泉之城，清远的温泉资源是非常丰富的。
各种各样的特色度假村，除了风光怡人，泡泉更是种类繁多。
牛奶池、人参池、米酒池、当归池、金银花池……
广东人，果然是懂养生的。
休闲度假养生一条龙，清远早已拿捏得十分娴熟。
而这片“吾州之山水名天下”的自豪感，
早在源源不断的团建、度假浪潮里，溢出来了。

多姿多彩 Duozi duocai

# 载歌、起舞、吟诗，多姿多彩

清远，亦是一座富有诗书底蕴的历史文化名城。

早在千年前，韩愈、刘禹锡、苏东坡等历史名家，
就在这个地方留下了“千岩表”“忠孝廉节”“且看山斋”等诗词歌赋。

其中最为人所知的，就是苏轼写下的——
“天开清远峡，地转凝碧湾”。
写尽了北江过飞来峡后，在珠江三角洲平原平缓前行时，
“一水远赴海”的气概。
这是大气的清远。

在城市的另一端，
千年瑶寨藏匿于连南海拔800米的山坡上，
一条长长的石板路，划开山坡，
瑶寨民居依山而建。
这是富有民族风情的清远。
“岭南无山不有瑶”，居于深山的瑶族，
在这里找到了自己的世外桃源。
而今，也成为清远重要的文化符号。

每逢传统节日，他们载歌载舞，自酿米酒，还举行耍歌堂、布袋木狮舞、长鼓舞等非遗表演，
其中属“盘王节·耍歌堂”尤为盛大。
百里瑶山广东连南瑶族自治县，是全国乃至全世界唯一的排瑶聚居地。
每年农历十月十六前后，铳炮九鸣后，
瑶山深处的盛典就开始了。
瑶族盘王节又叫“盘王还愿”，
迄今已有1700多年历史。
浓重的耍歌堂，是人们为了庆祝盘王节而举行的盛典。
这是清远非物质文化遗产的代表之一，
更是清远非遗的缩影。

此外，清远还保留着——
连山“七月香”戏水节、连州舞火龙、阳山凤舞、佛冈豆腐节、
英德英石假山盆景技艺、清城旺龙、清新三人燕尾龙舟等非遗项目。

中原、岭南和壮瑶文化在此碰撞、融合，
清远是广东少数民族主要聚居地，
民族风俗文化，给清远的秀丽山水，添上了时光的韵味。

个个是宝 Gege shibao

## 飞的、跑的、游的，个个是宝

好山好水，养好物。
在清远，国家地理标志产品已有16个，数量居全省地级市前列。

首先，必定是声名远扬的清远鸡了。
让人垂涎三尺的清远鸡，早在2010年就入选中国国家地理标志保护产品。
它的养殖历史，已有上千年，可以说是清远之地“祖宗”级别的品种了。
放养在竹林中，以谷物、青草、虫蚁为主食，喝露水，
故而皮色金黄、肉质紧致嫩滑，香得很独特。
1964年，广州清平饭店出了招牌菜“清平鸡”，
以清远鸡为原料，征服了广州人。
清远鸡还入选国宴食材，“国宴鸡”美名由此而来。

岂止是鸡，人们熟悉的英德红茶，
与云南滇红、安徽祁红并称中国三大红茶。
英国女王伊丽莎白二世也曾在宴会上用英德红茶待客。

此外，还有连山大米，
长于梯田上，已有600多年的种植历史。

连山的大肉姜，更是不得了，
又称“辣山芋”，畅销粤港澳。

而出于连州的东坡腊味，
则是岭南腊味中最靓的那一个，
包括腊肉、腊肠、腊鸭、腊猪脚等20多种，
其中3个省级名牌，5个省级名特优新产品。

喜欢吃鹅的你，一定不会错过清远乌鬃鹅。
同为国家地理标志产品，
还是广东省四大名优鹅种之一。
还有，竹山粉葛、英德英石、西牛麻竹叶、星子红葱等等，均声名远扬。
资源优渥的清远，
不论是地里长的，还是山里跑的，都是宝。

新的一年，清远也加大力度，
培育更多“粤字号”品牌和地理标志产品。
推动产业规模化、标准化，打出“清字号”农产品的一片天。

在发展上，这些年，清远也足够努力。
城轨、高铁、磁悬浮、高速公路、北江大桥等齐头并进；
南部区域与大湾区形成“30分钟生活圈”，
中部地区40分钟左右通达广州城区，
北部地区50分钟左右通达广州城区；
建设广清经济特别合作区“三园一城”，
创造一个未来无限可能的清远。

# 潮州：呷杯工夫茶

Chaozhou



（在线阅读）

为什么大家总说潮州的美食终生难忘，
大概是因为，从中不仅仅能感受到味道，
也能感受到一场舌尖上的坚守与传承。
傍晚，穿过晚风，
在老街巷一间店铺门口，
喝上一泡工夫茶。
凤凰单丛的风味和口感，清爽而甘醇。
**喝的是茶，品的却是人生。**
**茶台如平台，茶台如人生。**

刚到周末，潮州市湘桥区的牌坊街，
已经人潮汹涌起来。

这两年，潮州频频上热搜。
络绎不绝的游客从牌坊下穿行而过，
走进这座古城的腹地，
央视的《春味》也曾来过。

本地人仍然热忱又淡定，
明晃晃的太阳下，街边喝着工夫茶，
三只茶杯摆成一个“品”字，
看这座千年古城如今的人来人往。

这，就是潮州。
南濒南海，背倚凤凰山脉，
韩江水穿城而过，海域面积533平方公里。
这里是历代郡、州、路、府、道的治所，
是国家历史文化名城，是美食之都，
也是广东东部沿海四通八达的港口城市。

当你穿过广济楼，当你走进韩文公祠，
当你买一份咸水粿，当你喝上一口工夫茶时，
这座城市厚积薄发的古韵和新意，
正在身体内，缓缓流淌。

美食 Meishi

## 以美食之名

### 带上10个G的胃

提起潮州，必然要提起潮州菜。
对于吃苦耐劳的潮州人来说，“吃”字当头。
潮州菜烹饪技艺，被列入第五批国家级非遗代表性项目名录。
“潮州菜”这三个字，代表了全球公认的最好的中华料理之一。

潮州菜，唐朝就有记载，
讲究的是食材，做工以及物尽其用，将风味发挥到极致的能力。
当年韩愈临潮时就曾说过——
“章举马甲柱，斗以怪自呈。其余数十种，莫不可叹惊。”
千年的时光悠然而过，若你准备去潮州古城觅食，
一定要带上10个G的胃。

比如，一定要吃鹅。
潮州卤鹅，全国驰名。
在潮州人的心中，
卤鹅是走多远都无法忘怀的老家味道。

不仅饶平的狮头鹅，是经典和传奇。
街边的卤鹅店里，
也有让人赞不绝口的卤水滋味。
“酒起鹅肉刣”“无鹅不成席”，
说的，也都是这里。

不仅鹅走不出潮州，牛也走不出这里。
潮州牛肉火锅星罗棋布，各有各的本领。
吃火锅时，潮州人眼里的牛不再是牛，
而是——雪花、脖仁、吊龙、五花趾……
每一口嫩滑，是外地人的惊若天人，
也是本地游子的念念不忘。
让人刻骨铭心的味道还有很多，很多。

在潮州，攻略几乎都是多余的，
街边巷弄里的小店，都是一场味蕾狂欢。
恰恰是这些一直坚守初心的宝藏味道，
让潮州从古至今，鲜活又治愈。

潮汕肠粉，肠粉和花生酱的调和，是绝配、是点睛，
再配上特制的辣椒酱，便成为潮州小吃里的白月光。

来潮州，生腌定不能错过。
肥美的生腌血蚶，蘸着蒜醋汁，鲜而不腥，甜而清爽。
腌膏蟹则肉质细腻，夹带着海产特有的甘甜、咸鲜和腥香。

自然不能忘了粿条，
沙茶酱和辣椒酱是精髓和灵魂。
还有咸水粿、粿汁、粿肉、糕粿、红桃粿……
潮州人以“粿”之名，撑起一张美食榜单。

在街边坐下来，就能喝上一杯工夫茶。
为什么大家总说潮州的美食终生难忘，
大概是因为，从中不仅仅能感受到味道，
也能感受到一场舌尖上的坚守与传承。
傍晚，穿过晚风，
在老街巷一间店铺门口，喝上一泡工夫茶。
凤凰单丛的风味和口感，清爽而甘醇。

喝的是茶，品的却是人生。茶台如平台，茶台如人生，
这三只茶杯，在茶水的滋养下轮转。
没有人有固定的杯子，就像，没有什么是一定属于谁的。
喝茶如此，做生意如此，人生也是如此。

文化 Wenhua

# 以文化之名
## 穿越历史的荣光

美食是认知潮州的入口，
文化积淀则是潮州千年古城的内核与灵魂。
潮州累计有全国重点文物保护单位9处22个点。
古牌坊、古府第、古民居和古井等，随处可见。

广济楼，潮州的文化地标之一。
也是潮州古城的七座城楼之首。

而一路之隔的广济桥，
则是世界上最早的启闭式桥梁。
采用浮梁结合结构，东西两段是石梁桥，
中间则是一段浮桥。

最精妙的，是中间由十八梭船串联而成的桥身，
有大船要经过时，这十八梭船便会分离，之后再合龙。
因为独特且壮观，
广济桥是众多游客的必行之地。

到了晚上，广济桥亮起灯光秀。
倚临湖边，灯火倒影，如梦如幻。

即便是白天，沿湖边慢行，
广济桥也别有一番风情。

穿过广济门，就是牌坊街。
这是一条总长1948米，始于北宋的古老街道。
23座牌坊，如英雄般矗立。
每一座牌坊啊，
都披着穿越时间而来的历史烟尘和荣光。

游客们从牌坊下经过，拍照，打卡，
就像隔着时空和古人们对话。
若是有空闲，把这些牌坊一一数完，
便发现它们，
其实就是潮州历史的缩影。

最早的牌坊是出现于1517年的柱史牌坊。
而最著名的莫过于十相留声坊。
唐宋两朝，包括韩愈、文天祥在内的十大宰相
曾经来过潮州，
这个牌坊，就是为他们而立。

各种手工技艺在潮州得以完整地传承下来。
古建筑和手艺汇聚之地，
仿佛潮安龙湖古寨隔世穿越而来。

宗祠等古建筑云集，
木雕、石雕、贝雕、嵌瓷、彩绘等潮州民间工艺荟萃。
17个国家级非遗项目，在潮州延续。

我们同样也能看到，
甭管是街边喝工夫茶的居民，
抑或出门打拼的潮州人，
都有着讲究的文化礼仪和分寸。
脸上总有着气定神闲的淡定，
胸中亦装着勇往直前的乾坤。

现在，潮州人流最多的地方，
是粤东第一古刹开元寺和牌坊街。
人们走进开元寺探访，而后在牌坊街
游历，在西马路享用美食。
主街道和巷弄之中到处都是惊喜。

有老字号小吃，有文化历史民居，
亦有不少非遗传承工艺的体验工坊，
潮州木雕、手拉壶工艺、潮绣和瓷器……
还有可以一边喝工夫茶一边看的潮剧，
悠哉妙哉。

这几年，随着年轻人和游客的越来越多，
这座低调的古城，在传统文化的基础上，
也正在迸发着新意。

商业 Shangye

# 以商业之名
## 如潮水向海而生

漫长的海岸线，加上温暖的季风和海流，
让潮州自古以来就具备着走出去的潜力。
爱拼、勤劳、勇敢的潮州人，
凭借自己的智慧和能力，
让“潮商”遍布全国，乃至全球。

当年爱拼的潮州人远渡重洋去海外谋生，
如同潮水一般，涌向四面八方。
但极强的文化认同感，
让他们无论在哪里，
只要一句“胶己人”，
就可以重新聚在一起。

随着时代的发展和潮州的文旅腾飞，
也有很多潮州人再从四面八方回流，
重拾千年来的文化古蕴，建设家乡经济。

以韩江为主轴的古城文旅正如火如荼，
依托潮州古城这一国家历史名城的深厚底蕴，韩江碧道把广济桥等多个国家级、省级文物景点连结了起来。

推动古城保育活化的同时，传承历史文脉，融入人文特质，
打造典雅美丽的“山水宋城”。

2022年，连结饶平县城与海山镇的三百门大堤，改造完成。
以潮州港为中心的蓝色海洋经济带，蓄势待发。

“中国瓷都”“中国食品名城”“中国婚纱礼服名城”自不必说，
提高物联网、大数据、5G通信等新技术赋能，
让传统产业焕发新活力，更是现在的方向。
各行业正共同携手，一齐让这座城市悠然向前。

韩愈曾写下“潮之州，大海在其南”。
向海而生的潮州人，有着大海的平静，亦有着大海的野心。
他们生活在千年的古韵之上，没有放弃坚守，没有停止奋斗，
看得见未来的光，也踏稳了脚下的路。

# 揭阳：百种风俗，岁月静好

Jieyang



（在线阅读）

过年时普宁地区大热的英歌舞，
以武术 + 舞蹈的形式，村村巡游。
孔武有力的小伙子全妆上阵，
又潇洒又热烈。
有人说——

**“我去现场看英歌舞，**
**有一种从未有过的爽，**
**好想跟他们一起大吼狂舞。”**

2023年春天刚刚来临的时候，
在揭阳榕城区的中山路，
有一场特别的艺术展。
进贤楼大街走过来500米，
就是这条融化了百年岁月的骑楼老街。

来自全国各地的揭阳青年艺术家，
在这里为潮汕的民俗做了一次艺术活化。

就在同时，普宁的英歌舞爆红。
这个展，一时间轰动了，
各地的人们奔涌至展览现场。
对于揭阳这座老城来说，
这样的展览，是纪念，也是重生。
揭阳，
粤港澳大湾区与海西经济区的地理轴线中心，
已有2200年历史，
是岭南古城，是海滨邹鲁，也是经济新城。

近年来，越来越多的青年回到这里，
让它在坚守传统的基础上，
积蓄着更多、更温暖的新力量。

古城
风情
Gucheng fengqing

## 古城风情

### 独具特色的文化传承

2200多年的历史底蕴，赋予了揭阳独具特色的文化。
古建筑、学宫、牌坊、老街等，也依然有着古今相通的风情。

在揭阳的古城中心，进贤门被称为夜景最美的古城楼之一，
也是揭阳古城的标志。
始建于明代天启元年，距今400多年，
因通抵学宫，取增进贤士之意，故名“进贤门”。

整个建筑古朴大方，
是潮汕地区古城门的佼佼者。
据传早年间为了取个好意头，
揭阳的地方官赴任都会从进贤门走过，
而附近的男子娶妻或者学生升学，
都要在进贤门里走上一遭，
以求得妻子贤惠、学子高中。
这个习俗至今还保持着，
常有家长带着即将考大学的孩子，
来进贤门里走上一遍或绕城楼转上几圈。
平日里，到了上学和放学时间，
也可以看到附近的学生们，
背着书包穿行而过。
古今的学子，仿佛就这样重逢。

沿着思贤路走大约400米，
有一处藏于闹市中的文明——揭阳学宫，
占地2万多平方米，21座单体建筑，
有我国现存规模宏大的府、县级孔庙，
是揭阳古代最高学府。
是岭南地区同类建筑中规模最大、配套建筑最完善、保存最完整的历史建筑组群。
红墙飞檐，石板路径，树木相映成趣。

不管你是于阳光下探访学子们当年的痕迹，
或是，黄昏时穿过广场，一路漫步到西湖，
都能有不一样的感慨。
学宫旁边的广场，有一座高大的孔子雕像。
孔老夫子面目和蔼慈悲，看着世人，
旁边的孩童和家人们奔跑嬉戏、驻足休憩，
竟有一种“盛世，终如孔圣人所愿”的恍惚感。

揭阳，一个环抱山水而生的城，性格也像“水”一般。
榕江水缓缓流过这座古城，连起了古城、新城和揭阳各地。

值得探寻的古建筑群落，也藏满了整个揭阳。
在普宁，有个始建于同治十年（1871年）的德安里古村落，
集合了潮汕民居智慧与建筑艺术之大全，
是潮汕地区现存规模最大、保存最完整、历史时期较长的巨型府第式建筑组群。

在距离揭西县河婆街道之西2公里的玉峰东麓，
有一座1400年历史的三山国王霖田祖庙。
三山是指独山、巾山、明山三位山神，
据说，宋太宗封此三山神为国王，故有此称。
祖庙飞檐画栋，瓷片装饰，至今细节仍极为精致。

三山国王霖田祖庙的所在地揭西县河婆街道，
山清水秀，安宁舒适，
同时也孕育着一批温婉的客家人。

所以奇妙的地方也在这里，
美丽的揭西，无缝衔接着潮汕和客家两个文化族群。
潮汕人群体居住在揭西县和揭东区、普宁市交界处，
客家人主要居住在更加接近大山的区域。

这里青山环绕，安静舒适。
人们吃擂茶，唱山歌。
一首首客家山歌唱下来，
全是对生活的温暖和热爱。
日出日落，风云岁月，恍若弹指一挥间。

百种
风俗
Baizhong fengsu

# 百种风俗

## 岁月静好的温暖日常

除了古建筑，揭阳还有丰富的传统风俗。
过年时普宁地区大热的英歌舞，
以武术+舞蹈的形式，村村巡游。

孔武有力的小伙子全妆上阵，又潇洒又热烈。
有人说——
“我去现场看英歌舞，有一种从未有过的爽，
好想跟他们一起大吼狂舞。”

像这样翻涌澎湃的风俗，在揭阳还有很多，
行彩桥、舞青狮、灯杆彩凤、大长陇贺灯……
数都数不完。
在榕城老街中山路，
这条百年前最繁华的古商业之路上，
暗藏着许多揭阳的传统风俗和古老的文化。

有国家级非遗青狮博物馆。
青狮的“狮头”前额突出，
鼻孔高大，眼似铜铃，长须鬈发，狰狞威猛。
这项潮汕地区独有的地方特色传统狮舞，
已经有300多年的历史。

继续向前走，
列入非遗传承的灯谜店、传统理发店、表带厂，
还有古法裁缝店和武术拳馆，
都一一在目。
见证了一两个世纪的老店，
在这条街上齐齐整整地被保留了下来。

登上中山路的骑楼楼顶，
从上往下看，目之所及，
就像一部容纳了揭阳近代史的小镇电影。

傍晚，在中山路尽头，
有本地人爱到转圈的卤鹅。

清晨时分，
本地人常常去开了70多年的老爷干面觅食。
转角处，有猪肠胀糯米，
这是一种普宁古城洪阳的民间传统小吃。
糯米与猪肉香菇、虾、莲子融合，
看起来不起眼，却是心头美味。

鹅肉和鹅肝配上老板自己调制的菜脯油，
入口鲜香爽滑，
既没了鹅肝的腥，又保留了鹅肝的肥美。
吃一口，终生难忘。

比起汕头和潮州，
揭阳的味道更为醇厚而低调，
甭管是干面、粿条、肠粉，还是普宁豆腐，
抑或独具风味的鹅肝，
这里的美食都不张扬，但润入身体，历久弥香。
甚至被不少专程过来的觅食者，
称为刻骨铭心的味道。
就像这座城市的性格，
看似温润平淡，
但顺着水系，厚积薄发，源远流长。

滨海
新城
Binhai
xincheng

# 滨海新城

## 山与海之间的新机会

距离进贤门不远，揭阳也有个西湖。
水面波澜不惊，四周郁郁葱葱。
古朴精致的亭台楼阁背后，是新城的繁华。

揭阳的经济，因水而兴，向海而盛，
传统行业诸如玉器、特色农产品已闻名四海，
“亚洲玉都”“中国青梅之乡”不是虚名。

除了千年的历史沉淀，这座城市，还有着高瞻远瞩的眼光和实力。
这里海陆空立体交通360度无死角，
高铁站和机场，
如同对接世界的触角，迎来送往。
142.17公里海岸线，让这里的海洋经济与陆地经济齐头并进，
撑起这样一座滨海新城的底气。

揭阳大南海石化工业区，引进了中国石油广东石化炼化一体化项目、国家管网集团粤东LNG一体化项目等临海重大产业项目。
揭阳，正全力打造粤东新城、大南海石化工业区、惠来临港产业园。

显然，现在的揭阳，潮涌南海，面向未来，蓝图已然铺开。
这个北回归线上的城市，将要绽放耀眼的光芒。

# 云浮：『岭南祖地』，点石成金

Yunfu

广东，凭什么说爱你

（在线阅读）

**云浮藏着岭南文化已知最早的“根”，**

**是名副其实的“岭南祖地”。**

论文化起源，

整个广东都得看向云浮。

磨刀山遗址，

承载着岭南先民的文化记忆，

是云浮的文化旗帜，

是岭南文化的摇篮。

这里还有海路交融的“丝路古韵”，

有孕育了千年的“南江文化”。

广东最低调的城市？恐怕非她莫属了吧。
如其名，云浮，飘浮在云中，自带仙气。

云浮1994年正式设市，是广东最年轻的地级市。
广东有一个考古“网红IP”，它便是位于云浮郁南的磨刀山遗址。
磨刀山遗址的发现，填补了广东旧石器时代早期文化的空白，
将本地区人类活动的历史由距今13万年左右，大幅提前至距今60万—80万年前。

也就是说，云浮藏着岭南文化已知最早的“根”，
是名副其实的“岭南祖地”。

仙气 Xianqi

# 云山锦绣，飘着仙气儿

如果用两个字来形容云浮，
应该是“舒服”。
生活在高浓度负氧离子的秀美山城里，
可不就是过着神仙般的日子。
虽说云浮是个妥妥的“90后”，
但在唐朝天宝元年，
她就已经出现在史书上，
因为境内有座浮云缥缈的山，
而得名“云浮郡”。
云山锦绣，浮生千山路，
这座山，便是云雾山。

云雾山素有“云浮翡翠”“三罗珠玑”的美名，
主峰海拔1140多米，
高耸于云安区的富林、石城两镇之间，
其他山脉由此延伸而来，
因而云雾山又被称为“本邑诸山发源之祖”，
简称“山祖”。
山顶视野一流，往北望，是滔滔西江水，
往南看是新阳平原，西边则是罗定盆地。

云浮还有一座传奇的山，
名为大金山，
因传说有人曾在这捡到黄金而得名。

不管是否真寻得黄金，
大金山本身就是一座“金山银山”。
这里有云海，有奇松，有异卉。
到了隆冬时节，偶有霜冻奇寒，
运气好的话，登上山顶还能看到银装素裹，
感受广东难得的冰雪奇缘。

如果你是一名户外爱好者，
那么一定知道这条广东有名的徒步路线——八排山。
怪树丛生，野性独具。
山顶的“天堂顶”，是攀登者的秘密花园。
尤其是在春天，
山顶天然大草原鲜花遍地，
禾雀花、杜鹃花一团团、一簇簇，美不胜收。
除此之外，还有天露山，
终年云雾缭绕，山高林密，
凝聚着云浮的钟灵毓秀。

南江 Nanjiang

# 南江文化，熠熠生辉

177海里外是香港，138公里外是广州，
乘高铁去深圳只有2个多小时的路程，
似乎连澳门、珠海都近在咫尺……
云浮的邻居，基本是热门旅游、文化之城。
相较之下，云浮还是年轻了许多。
但要论文化起源，整个广东都得看向云浮。
磨刀山遗址，承载着岭南先民的文化记忆，
是云浮的文化旗帜，是岭南文化的摇篮。

这里还有海路交融的“丝路古韵”，有孕育了千年的“南江文化”。
南江，云浮境内最长的河流。
唐代诗人笔下的它，“越岭千重合，蛮溪十里斜”。
清代学者曾将其列为“广东四江”之一。
汉、瑶、壮等多个民族在此聚居，
是岭南文化发祥地之一，最早的民族交融地区之一。

以南江为源，云浮孕育了以六祖惠能为代表的“禅文化”；
惠能在这出生，在此魂归故里。
作为禅宗圣地，云浮千百年来，传承着中国化的佛教禅宗。

何止如此。
南越王赵佗曾逐白鹿于新兴，筑起白鹿台。
唐代亦有不少诗人，南下云浮，把云浮写进了诗，
其中便有“诗圣”杜甫的侄子——杜位。
更有罗定学宫这样的名胜古迹，占地面积8300平方米，
是目前西江流域仅存的清代学宫建筑群。

如今，人们走进罗定的石室内，
还能看到“岭南诸碑之冠”的龙龛岩摩崖石刻。
凡此种种，都是云浮千年人文底蕴的见证。

石都 Shidu

## 中国石都，家里有矿

地处粤西群山中，真正的“家里有矿”，说的就是云浮。
光是她的矿产，就够“硬核”。
已查明资源储量的矿产便有47种，
矿产地多达166处。

石灰岩、花岗岩、大理岩等产业，甚至可以追溯到明代，
由此得了个“中国石都”的名号。
其中最有名的，是硫铁矿。

大金山上硫铁矿的储量，亚洲第一、世界第二，
因而又被称为“东方硫都”。

这里有全国最大的硫化工生产基地，
带着云浮经济，一路高飞猛涨。
而今天的矿区，迎来了第二次蝶变。
从满山矿到“光头山”，再到绿油油的草地、树林，
云浮的矿产，有了新的发展局面。
就在2023年3月29日，全国非煤矿山安全整治现场会在云浮召开。
这场国家级大会，落户“云浮”，让矿区“披绿成金”，
云浮，她做到了。

2019年以来，云浮完成了矿山治理复绿面积106.67公顷，
治理复绿率达162.68%，连续四年超额复绿指标。

以石为矿，在漫长岁月中，
云浮进化成了响当当的“中国石材基地中心”“中国石材流通示范基地”。
尤其是雕刻艺术，在中西文化的影响下，
云浮将石头变成了艺术品，
走出国门，走向了全世界。

也正是千姿百态的石头，让云浮的石艺人在山林和公园的角落里，
留下了独特的创意。

可云浮人，一边玩艺术，另一边还加油搞事业。
大名鼎鼎的温氏集团，产业遍布20多个省份；
郁南县，稳坐“中国无核黄皮之乡”的称号；
而罗定的肉桂，让外国人疯狂上瘾。
云浮，不仅是全国最大的肉桂产区、“中国肉桂之乡”，
亦是“岭南粮仓”。

如今再回看云浮，从诞生了最早的原始“广东人”，
到成为最年轻的城市，
历史孕育文明，文明载着岁月。
云浮，继续“点石成金”，未来可期。

本书图片主要由GDToday、南方日报、那一座城公众号、图虫网、摄图网、梁文栋等提供，不作一一标注，谨此鸣谢！